W0074851

Elmar Simma

Geführt von einem inneren Stern

Bücherei
Privatklinik Hochrum
6063 Rum

ELMAR SIMMA

GEFÜHRT VON EINEM INNEREN STERN

Gute Gedanken für Advent
und Weihnachten

Tyrolia-Verlag · Innsbruck-Wien

Nachhaltige Produktion ist uns ein Anliegen; wir möchten die Belastung unserer Mitwelt so gering wie möglich halten. Über unsere Druckereien garantieren wir ein hohes Maß an Umweltverträglichkeit: Wir lassen ausschließlich auf FSC®-Papieren aus verantwortungsvollen Quellen drucken, verwenden Farben auf Pflanzenölbasis und Klebestoffe ohne Lösungsmittel. Wir produzieren in Österreich und im nahen europäischen Ausland, auf Produktionen in Fernost verzichten wir ganz.

Mitglied der Verlagsgruppe „engagement"

2019
© Verlagsanstalt Tyrolia, Innsbruck
Umschlaggestaltung: Felder Grafikdesign
Layout und digitale Gestaltung: Tyrolia
Druck und Bindung: Finidr, Tschechien
ISBN 978-3-7022-3780-6
E-Mail: buchverlag@tyrolia.at
Internet: www.tyrolia-verlag.at

INHALT

VORWORT

Ist es nicht unsinnig, zu den tausenden Advents- und Weihnachtsbüchern noch eines mehr zu schreiben?

Vielleicht ja, aber es könnte auch sein, dass Sie von einigen Gedanken dieses Buches besonders angesprochen werden.

Es wird berichtet, dass Jesus in einem Stall zur Welt kam und in einer Krippe ins Stroh gelegt wurde. Ich denke und hoffe, dass im „Stroh" der vielen Worte und der Lieder, die man wegen der Dauerbeschallung schon gar nicht mehr hören will, in diesem Buch doch ein paar Goldkörner guter Gedanken zu finden sind, die im „Sieb" der Alltagsgeschäfte hängen bleiben.

„Ich weiß gar nicht, wie ich alles bis Weihnachten schaffen soll", klagte eine Dame neben mir im Blumengeschäft. Vielleicht liegt die große Kunst darin, weniger zu tun und manches einfach kommen zu lassen.

Die vielen Lichter können manche Dunkelheit in uns nicht verdrängen. Wenn wir jedoch hin und wieder die Augen schließen, die Finsternis unserer Sorgen oder Trauer zulassen und Ausschau halten nach einem Stern, der im Innersten leuchtet und uns führt, dann erahnen wir etwas vom Weihnachtswunder.

Das hoffe ich jedenfalls!

Rankweil, im Sommer 2019
Elmar Simma

FINDET HEUER WEIHNACHTEN STATT?

Was soll die Frage? Auf dem Kalender steht es rot gedruckt: 25. Dezember, Christtag, und 26. Dezember, Stefanitag, die üblichen zwei Feiertage.

Dennoch: Findet das Fest statt oder wird es abgesagt?

Die Geschäftsleute haben ihre Lager gefüllt. Die Schaufenster werden weihnachtlich dekoriert. In den Dörfern und Städten gibt es stimmungsvolle Beleuchtungen. Lichterketten schmücken die Verkaufsstände. Die Weihnachtspost kommt auch noch an die Reihe, und das Kekse-Backen.

In den Schulen häufen sich die Tests und Schularbeiten, Leute gehen in aller Frühe in die Roratemessen, in den Firmen werden Weihnachtsfeiern geplant, der heurige Christbaum soll besonders schön sein – ach, und die Geschenke müssen auch noch besorgt werden …

Findet das Fest wirklich statt? Für mich? Fehlt da noch was?

✩ ✩ ✩ IMPULS ✩ ✩ ✩

ICH VERSUCHE, IM LAUFE DES TAGES
IMMER WIEDER DEN SATZ FERTIG
ZU DENKEN: WEIHNACHTEN
IST FÜR MICH, WENN …

☆ ☆ ☆ ☆ **2. Dezember**

366 MAL …

… steht in der Heiligen Schrift „Fürchte dich nicht" oder „Fürchtet euch nicht"! Angeblich. Ich habe nicht nachgezählt, aber ich kann es gerne glauben. Für jeden Tag des Jahres, und das Schaltjahr noch dazu, sagt Gott uns das jeden Morgen, falls wir ihn um ein Motto für den Tag bitten.

Angenommen, wir würden beim Aufwachen gleich einmal fragen: „Und, was legst du mir heute ans Herz?" Seine Antwort ist immer dieselbe: „Fürchte dich nicht, denn ich bin bei dir!"

Natürlich macht uns vieles Angst, aber sie wäre dann nicht mehr so abgrundtief und lähmend, wenn wir Gott wirklich beim Wort nähmen.

Der Engel sagte zu Maria dieses Mut-Wort „Fürchte dich nicht", und ebenso zu den Hirten auf dem Feld. Das gilt auch für uns, die wir oft ängstlich und schreckhaft sind.

Was ist das Gegenteil von Angst?

Vertrauen

Dieses Wort kommt von der Sprachwurzel „Baum", das englische Wort „tree". Könnte der Advent nicht eine Zeit sein, in der ich mich neu in Gott einwurzle. Daraus wächst neue Kraft zum Wachsen, zum Blühen und Frucht-Bringen. Ich traue Gott und er traut mir.

Gelassenheit

Ich lockere den Griff, mit dem ich den Beruf, meine Arbeit mache, die täglichen Anforderungen und Termine erledige. Ich wage es, auch Gott etwas von meinen Sorgen zu überlassen oder von meiner Zeit. Ich lerne, manches nicht so schwer zu nehmen.

Hoffnung

Mit dem Ultraschall der Achtsamkeit sehe ich das Kind „Hoffnung" in mir, meine innersten Sehnsüchte, die zur Welt kommen möchten. Der Advent ist voller Hoffnungsbilder. Wir warten auf das Kommen des Herrn, wir singen: „Macht hoch die Tür ..., Tauet Himmel ..., O Heiland reiß ..." Wir hören das Bibelwort vom Baumstumpf, aus dem ein neuer Trieb wächst, und viele andere Trostworte. Wir trauen Gott zu, dass er immer neu auf uns zukommt, heilend und rettend.

✩ ✩ ✩ IMPULS ✩ ✩ ✩

ES KÖNNTE EIN SCHÖNES ABENDRITUAL SEIN, EINE KERZE ANZUZÜNDEN, EINE SCHÖNE MUSIK AUFZULEGEN, IN MICH HINEINZUHÖREN UND IM HERZEN AUFSTEIGEN ZU LASSEN, WAS MICH BEWEGT.

☆ ☆ ☆ ☆ **3. Dezember**

AUF, ABER NICHT WACH

Ungefähr ein Drittel der Menschen ist am Schlafen. Und die anderen zwei Drittel? Solange wir nicht im Bett liegen, sind wir zumindest auf, aber sind wir auch wach? Im Advent hören wir oft den Ruf: „Wachet auf!" Oder: „Seid wachsam!"

Ich verbrachte das Obergymnasium in einem Internat. Im Schlafsaal hatte neben mir ein Bursche aus dem Zillertal sein Bett. Manchmal stand er nachts auf und geisterte als Schlafwandler durch den Raum, tat dies und jenes und legte sich dann wieder hin. Am Morgen wusste er von all dem nichts mehr. Er war auf, aber nicht wach.

Geht es uns nicht ähnlich, wenn wir so vieles im Alltag automatisch verrichten: frühstücken, Zeitung lesen, Autofahren, Arbeiten erledigen, bügeln, fernsehen … Natürlich ist uns bewusst, was wir tun. Aber sehr oft geschieht es doch „wie von selbst". Und wir machen uns nicht allzu viel Gedanken darüber: Warum tue ich das? Für wen? Welchen Sinn sehe ich dahinter?

Wach sind wir in bestimmten Situationen, z. B., wenn ein Kind auf die Welt kommt, wenn wir verliebt sind oder beim Heiraten, wenn ein Unglück passiert oder jemand stirbt. Ich besuchte einen etwa 70-jährigen Mann auf der Intensivstation. Er lag im künstlichen Tiefschlaf. Die Ärzte sagten, dass er in den nächsten Stunden sterben werde. Seine Gattin war tief verzweifelt. Mit größter innerer Wachheit hatte sie die letzten Wochen darum gekämpft und gebetet, dass er wieder gesund wird. Doch jetzt hörte sie auf, nach dem „Warum" zu fragen und sie sagte: „Ich lasse dich gehen. Ich will nicht, dass du länger leidest!" Ich versuchte zu beten: „Gott, komm ihm entgegen. Lass ihn spüren, dass du da bist. Umhülle ihn mit deiner ganzen Liebe. Wo unsere Hände nicht mehr hinreichen, da trage du ihn. Führe ihn hinein in das Leben der Fülle, in dein Licht und in deinen Frieden ..."

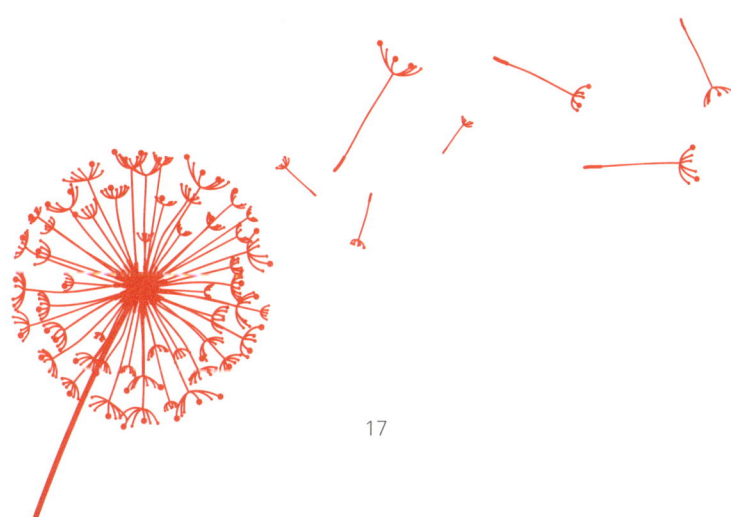

In solchen Momenten sind wir sicher mit ganzem Herzen präsent, wirklich wach. Natürlich stimme ich Gertrud von Le Fort zu: „Die Grenze des Menschen ist das Einbruchstor Gottes." Aber hat Gott nicht noch andere „Hintertürchen", durch die er in unser Leben hereinkommt? Nein, er ist ja immer schon da. Sein Name lautet: „Ich bin dort, wo du bist!" (Martin Buber) Um das zu spüren, müssen wir innerlich wach sein.

✩ ✩ ✩ IMPULS ✩ ✩ ✩

DIE KINDER ÖFFNEN JEDEN MORGEN
VOLL SPANNUNG EIN TÜRCHEN BEIM
ADVENTKALENDER. GIBT ES FÜR MICH EINE
TÜRE ZU EINEM INNEREN RAUM,
IN DEM ICH MIR SELBST BEGEGNE UND
DEM „GOTT-MIT-UNS"? DAS KANN GESCHEHEN,
WENN ICH NOCH IM BETT LIEGE,
IM BUS SITZE ODER INS GESCHÄFT GEHE …

☆ ☆ ☆ ☆ **4. Dezember**

MEHR ALS ...

Antoine de Saint-Exupéry hat schon vor 70 Jahren geschrieben: „Es gibt nur ein Problem, ein einziges in der Welt. Wie kann man den Menschen einen geistigen Sinn, eine geistige Unruhe wiedergeben; etwas auf sie herabrieseln lassen, was einem Gregorianischen Gesang gleicht! ... Man kann nicht mehr leben von Eisschränken, von Politik, von Bilanzen und Kreuzworträtseln. Man kann es nicht mehr. Man kann nicht mehr leben ohne Poesie, ohne Farbe, ohne Liebe.“

Manche können das scheinbar doch, aber es muss tatsächlich mehr geben als all das, was oberflächlich unser Leben ausmacht. Diese Überzeugung prägt uns als Christen, drücken wir in Ritualen aus.

Bei der *Taufe* sagen wir: Dieses Kind ist mehr als das biologische Produkt der Eltern.

Bei der *Eucharistie*: Es gibt noch mehr als die eigene Familie, mit der wir am Tisch sitzen.

Bei der *Firmung*: Dein Leben soll mehr sein, als bloß Spaß haben.

Beim *Bußsakrament*: Du bist mehr wert, als deine Schuld, deine Schwächen vermuten lassen.

Bei der *Hochzeit*: Partnerschaft muss mehr sein, als das eigene Glück genießen.

Bei der *Krankensalbung*: Es gibt noch mehr als deine Krankheit, deine Schmerzen, nämlich das Gehalten-Sein – im Leben und Sterben.

Bei der *Priesterweihe*: Die Kraft und die Gnade Gottes ist mehr als das, was du allein leisten kannst.

Jesus, der „Mehr-Wert" für uns

In seiner Nähe fühlten sich die Menschen frei, weil er sie nicht auf Gesetze und die äußere Erscheinung festlegte. Sie bekamen Kraft, die einengenden Mauern der Hilflosigkeit zu durchbrechen; sie spürten, wie gutes Leben ausschaut, und wurden angesteckt von seiner Liebe.

Wo er lebendig wird in unseren Herzen, in unserem Glauben und Lieben, beginnt das Leben aufzublühen. Viele machen das in einem schönen Brauch sichtbar. Heute, am Barbaratag, stellen sie zu Hause in der warmen Stube Kirschzweige ins Wasser, damit zu Weihnachten an ihnen schöne Blüten aufbrechen.

Die abgeschnittenen Zweige symbolisieren die „Schnitte", die Brüche in unserem Leben, alles Schmerzliche, die Verwundungen und das verhinderte Leben. Und der Turm, in dem die heilige Barbara eingesperrt war, steht für das Eingeschlossen-Sein in sich selbst, das Gefangen-Sein in Ängsten oder Einsamkeit.

Dennoch – gegen alle dunklen Erfahrungen – kommt auch bei uns so viel Gutes und Schönes zum Blühen, viel mehr, als wir uns ausdenken können, viel mehr, als wir aus unseren eigenen Kräften herbringen, wenn wir Gott ebenfalls etwas zutrauen.

✩ ✩ ✩ IMPULS ✩ ✩ ✩

VIELLEICHT MÖCHTE ICH DEN
BARBARA-BRAUCH AUFGREIFEN UND
EINEN ZWEIG INS WASSER STELLEN
ODER JEMANDEM EINEN BRINGEN.

BRACHZEIT

Der kalte Dezember ist nicht die Zeit, um zu säen oder zu ernten. In der winterlichen Kälte suchen wir die Wärme, finden wir uns beim Ofenfeuer, schätzen wir in der Dunkelheit das Licht und Beisammen-Sein. Und der gefrorene Ackerboden liegt brach, sammelt im Stillen neue Kräfte.

Ein Wort von Hilde Domin gehört zu den Schätzen meines Herzens:

> *Es knospt*
> *unter den Blättern*
> *das nennen sie Herbst*

Unter dem Herbstlaub, das bei unseren Schritten raschelt, unter der modernden Schicht am Boden, unter Schnee und Eis sammeln die Blumenknollen und Graswurzeln, auch die Bäume, neue Kraft zum Wachsen und Blühen.

Ähnlich ist auch „stille" Zeit trotz manchem Lärm wichtig, damit wir die inneren Kräfte entdecken und die Sehnsüchte spüren.

Wie ein Geländer für unsere Gedanken habe ich im Gotteslob (Nr. 909) ein Lied entdeckt, das ich sofort lieb gewonnen habe. Der Text hat mich sofort angesprochen und die Melodie berührte mein Herz:

Da wohnt ein Sehnen tief in uns, o Gott, nach dir, dich zu sehn, dir nah zu sein.

Es ist ein Sehnen, ist ein Durst nach Glück, nach Liebe, wie nur du sie gibst.

1. *Um Frieden, um Freiheit, um Hoffnung bitten wir.*
   In Sorge, im Schmerz sei da, sei uns nahe, Gott.

2. *Um Einsicht, Beherztheit, um Beistand bitten wir.*
   In Ohnmacht, in Furcht sei da, sei uns nahe, Gott.

3. *Um Heilung, um Ganzsein, um Zukunft bitten wir.*
   In Krankheit, im Tod sei da, sei uns nah, Gott.

4. *Dass du, Gott, das Sehnen, den Durst stillst, bitten wir.*
   Wir hoffen auf dich, sei da, sei uns nahe, Gott.

Text und Musik: Anne Quigley
Deutscher Text: Eugen Eckert
© 1992 OCP Publications.
Für D, A, CH: Small Stone Media Germany GmbH

✩ ✩ ✩ IMPULS ✩ ✩ ✩

VIELLEICHT KANN ICH ES SELBST ODER ES SINGT MIR JEMAND DIESES LIED VOR.

☆ ☆ ☆ ☆ **6. Dezember**

WAS MACHT DEN RICHTIGEN NIKOLAUS AUS?

Eine Kindergärtnerin hatte mich gebeten, in ihrer Gruppe den Nikolaus zu spielen. Natürlich wollte ich das pädagogisch richtig machen. Ich erzählte die Geschichte vom heiligen Nikolaus und schlug dann den Kindern vor, den heiligen Mann zu uns kommen zu lassen. Ich bot mich für diese Rolle an und fragte die Kinder, was denn ein Bischof anhat. Sie halfen dann mit, mich „standesgemäß" einzukleiden bis zum Bart, zur Mitra und zum Stab.

Dann verließ ich den Raum und kam durch eine andere Türe herein. Die Gespräche mit den Kindern, das Singen und Geschenkeverteilen, alles klappte wunderbar. Die Knirpse waren offensichtlich sehr beeindruckt.

Als ich mich verabschieden wollte, rief ein Kind ganz laut: „Und wann kommt der richtige Nikolaus?"

Diese Frage begleitet mich seither.

Vom heiligen Nikolaus gibt es viele Legenden.

Wir müssen den anderen keine Goldkugeln ins Zimmer werfen wie der heilige Nikolaus, aber es wäre schon viel, wenn wir mit der Phantasie der Liebe überlegten, wie wir jemandem helfen oder eine Freude bereiten könnten. Eine kleine Aufmerksamkeit, ein Anruf, ein Zeichen der Anteilnahme, ein geduldiges Zuhören tun unendlich wohl und geben Lebensmut.

Wir werden nicht wie der heilige Nikolaus einen Seesturm beruhigen, aber vielleicht gelingt es uns, in einem Streit ein bisschen die Wogen zu glätten. Wir können nicht die Probleme anderer lösen, aber es ist schon viel, wenn jemand da ist, der die Ohnmacht mit ihnen aushält und teilt.

Nikolaus, so wird berichtet, besorgte für die hungernden Bewohner von Myra Weizen. Da wären wir überfordert. Aber es gibt auch den Hunger nach Wertschätzung und Nähe, nach Dazugehören und Akzeptanz. Statt über einen Nikolaussack mit Mandarinen und Nüssen hätten manche mehr Freude über ein Päckchen Zeit.

Wir werden es nicht schaffen, wie Nikolaus eingepökelte Studenten zum Leben zu erwecken, aber wo wir ein Netz der Aufmerksamkeit ausspannen und das Miteinander fördern, wächst gutes Leben.

✩ ✩ ✩ IMPULS ✩ ✩ ✩
FÜR WEN KÖNNTE ICH
EIN NIKOLAUS SEIN?

☆ ☆ ☆ ☆   **7. Dezember**

ADVENT –
ZEIT ZUM SUCHEN
UND FINDEN

Gott sucht uns

Schon kleine Kinder lieben es, sich zu verstecken, und haben dann ihre helle Freude, wenn man sie entdeckt und findet.

Wir Erwachsene verstecken uns auch oft – hinter der Arbeit und Terminen, hinter den „Stauden" irgendwelcher Ausreden. Manchmal laufen wir vor uns selbst davon, vor nötigen Auseinandersetzungen, vor den Ansprüchen oder der Kritik anderer, und sehr oft auch vor Gott. Oder wir verlieren uns in unserer dauernden Geschäftigkeit und Ruhelosigkeit.

Eine zentrale Botschaft der Bibel lautet, dass Gott uns unermüdlich sucht wie ein Hirte sein verloren gegangenes Schaf, wie eine Hausfrau eine Geldmünze, die irgendwohin gerollt ist, wie der Vater, der im Gleichnis sehnsüchtig auf den Sohn wartet, der bei den Schweinen gelandet ist.

Er sucht uns auch hinter den Mülleimern alles Mangelhaften und Verkehrten unseres Lebens, er sucht uns in den dunklen Hauswinkeln von Beziehungsproblemen, auch im Festzelt eines Vereins oder auf dem Kinderspielplatz, wo wir auf die Enkel schauen. Er sucht uns auf den Straßen unseres Alltags, genauso wie in der Zeit der Erholung.

Gott versteckt sich

Aber, und das ist wichtig: Gott wechselt auch die Rollen: Er versteckt sich und wartet darauf, dass wir ihn suchen. Eine chassidische Geschichte erzählt: „Rabbi Baruchs Enkel, der Knabe Jechiel, spielte einst mit einem anderen Buben

Verstecken. Er verbarg sich gut und wartete, dass ihn sein Gefährte suche. Als er lange gewartet hatte, kam er aus seinem Versteck, aber der andere war nirgends zu sehen. Nun merkte Jechiel, dass jener ihn von Anfang an gar nicht gesucht hatte. Darüber musste er weinen, kam in die Stube seines Großvaters gelaufen und beklagte sich über den bösen Spielgenossen. Da flossen Rabbi Baruch die Augen über und er sagte: ‚So spricht Gott auch: Ich verberge mich auch, aber keiner will mich suchen!'" (Martin Buber)

Gott ist zwar einer, der sich geoffenbart gezeigt hat, aber er bleibt zugleich immer ein verborgener, geheimnisvoller Gott, den wir ein Leben lang suchen sollen. Wo versteckt er sich? Wo können wir ihn finden? Ganz sicher zwischen den Zeilen der biblischen Botschaft. Das ist ja die Kunst des Bibellesens, dass wir uns dauernd fragen müssen: Was will dieser Text mir/uns sagen? Was steckt hinter diesen Worten?

Gott hat noch viele andere Verstecke. Wir können ihn hinter den Steinen ungelöster Konflikte und nicht vergebener Verletzungen aufstöbern als tiefste Sehnsucht nach einem Leben in Frieden.

Vielleicht gelingt es uns, Gott auch in den Wunden unserer Traurigkeit, im Schmerz eines Verlustes, in den Belastungen einer Krankheit zu entdecken. Wo wir am Ende sind, könnten wir anfangen, den mitgehenden und mitleidenden Gott aufzuspüren.

Grundsätzlich gilt: Selbst, wenn wir das Gefühl haben, wenigstens den Mantelsaum Gottes erfasst zu haben, wir können ihn nicht festhalten und müssen ihn immer aufs Neue suchen.

Und zu Weihnachten hören und feiern wir, dass Gott auch in der Nacht und im „Mist" des Lebens zu finden ist.

✩ ✩ ✩ IMPULS ✩ ✩ ✩
WAS HABE ICH HEUTE ODER DIE LETZTEN
TAGE GESUCHT UND GEFUNDEN? WICHTIGES?
ODER: „HEUTE BESUCHE ICH MICH.
HOFFENTLICH BIN ICH ZU HAUSE."
(KARL VALENTIN)

 **8. Dezember**

DIE SACHE MIT DEM HEILIGEN GEIST

Auch wenn der Feiertag „Maria Empfängnis" weithin zu einem arbeitsfreien Einkaufstag verkommen ist, halte ich ihn doch für ein bedenkenswertes Fest.

Es heißt, dass der Engel des Herrn zu einer Jungfrau namens Maria kam. Das griechische Wort „Parthenos" kann auch einfach „junge Frau" heißen. Es geht also nicht um eine biologische Feststellung, sondern Maria war im Tiefsten, auch als Verlobte, offen für die Erfüllung, das Glück, die Sinnfülle des Lebens, die sie offensichtlich von Gott erwartete. Ich denke, sie fragte sich auch: Lieber Gott, was hast du mit mir vor?

Der Engel des Herrn,

der sie überraschte, kann für uns heute Vielfaches bedeuten: ein Wort, das wir „zufällig" lesen oder hören; ein Arbeitskollege, der uns herausfordert oder auf die Nerven geht; eine Nachbarin, die mit einer Frage oder Bitte zu uns kommt. Es kann ein „Blitzgedanke" in einem Gottesdienst sein oder im Großmarkt und vieles mehr.

Du bist voll der Gnade

Das sind wir auch seit der Taufe und immer, wenn wir Gott Raum geben in unserem Herzen, in unserem Fragen, Suchen, Beten. Oder ganz einfach, wenn das Erbarmen, hebräisch: die Mutterschößigkeit Gottes, uns erfüllt.

Du wirst schwanger werden

Das kann uns ebenfalls passieren, sooft wir das kleine Kind Hoffnung oder Vertrauen in uns tragen, die Liebe in uns und durch uns Hand und Fuß bekommt oder in uns Gedanken des Friedens und gute Worte für jemanden wachsen. Man kann auch mit dem Wort Gottes schwanger gehen.

Der Heilige Geist wird über dich kommen,

die Kraft (Dynamis) des Höchsten wird dich erfüllen, das Dynamit, das Feuer seiner unbegreiflichen Liebe. Das geschieht, wenn wir Feuer und Flamme sind für eine gute Sache, wenn es in uns zündet, uns ein Licht aufgeht: Da bin ich gefragt! Manchmal hebt uns eine Windböe des Geistes vom Sitz, manchmal bläst er mit einem sanften Lüftchen über das wunde Herz.

Wir kennen die Antwort Marias. Könnten wir ähnlich sagen: Gott, mache mit mir, was du willst. Das ist wohl nicht so einfach.

☆ ☆ ☆ IMPULS ☆ ☆ ☆

ICH VERSUCHE MIR VORZUSTELLEN:
EIN ENGEL GOTTES KOMMT HEUTE ZU MIR.
WIE WIRD DAS ZWIEGESPRÄCH VERLAUFEN?

☆ ☆ ☆ ☆ **9. Dezember**

ERST IM NACHHINEIN

Es kommt anders, als man denkt!,

kann man oft hören.

Das werden sich wohl auch Maria und Josef gesagt haben, als Maria unerwartet schwanger wurde. Für sie war es ein „Wun der des Himmels", dass sie ein Kind erwarten durfte, Josef brauchte etwas länger, um es annehmen zu können.

Es kam anders,

als Maria das Kind in einem Stall zur Welt brachte, unter diesen widrigen Umständen und allein. Man konnte ja damals den Geburtstermin nicht so genau berechnen, sie wusste nur, dass es an der Zeit war. Gottes Kommen lässt sich nie mathematisch voraussagen, er ist für uns unberechenbar.

Es kam anders,

als es sich Maria und Josef vorgestellt hatten, weil sie nach Ägypten flüchten mussten, eine beschwerliche Reise mit einem Kleinkind. Nach dem Warum dieses Weges konnten sie nicht fragen, sondern nur denken: Die Umwege werden schon ihren Sinn haben.

Es kam anders,

als sie erlebten, wie ihr Sohn öffentlich auftrat – bejubelt von den einen, bekämpft und gehasst von den anderen. Maria begleitete ihren Sohn, und Josef war im Hintergrund präsent. Beide konnten nur an das geheimnisvolle Wirken Gottes glauben, das in den Worten und Heilungen Jesu aufleuchtete.

Es kam anders,

ganz schrecklich, als Jesus grausam am Kreuz zu Tode gebracht wurde und sie im Herzen mitschreien mussten: „Mein Gott, warum ...?" Wie oft drängt sich diese Frage auch in unser Herz, wenn wir Schlimmes erleben.

Es kam anders,

damals, an Ostern, als Jesus, entgegen der üblichen Erfahrung, den Frauen und den Jüngern erschien, lebendig, wirklich, und sie lernten mit der Zeit verstehen, dass Tod und Grab nicht das Letzte sind.

Es kommt anders, als wir denken

Daran sollten wir uns erinnern, wenn wir prophetische Worte hören von der Rose, die aus dem Wurzelstock wächst, von den wilden Tieren, die friedlich miteinander weiden, von dem Kind in der Krippe, das die Rettung bringt.

✩ ✩ ✩ IMPULS ✩ ✩ ✩

HABE ICH DAS AUCH POSITIV ERLEBT, WENN ETWAS ANDERS „GELAUFEN" IST, ALS ICH MIR DACHTE ODER WÜNSCHTE? TRAUE ICH GOTT ZU, DASS ER AUS UNGUTEN SITUATIONEN ETWAS HEILSAMES WACHSEN LÄSST?

DER WEG
DES HERZENS

Eine Frau, die ich von der Erstkommunion her kenne, ließ mir ausrichten, dass sie auf einer psychiatrischen Abteilung im Krankenhaus sei. Und dann schickte sie mir eine E-Mail. Sie erinnere sich noch gut an einen Schulgottesdienst, bei dem ich die Geschichte „Oh, wie schön ist Panama" erzählt habe. Ein kleiner Bär und ein kleiner Tiger fanden eine Bananenkiste, auf der „Panama" stand. In ihrer Phantasie musste das das Traumland sein, das sie suchen wollten. Nach langem Weg sahen sie von einem Baum aus das erträumte Ziel und merkten gar nicht, dass dieses Stück Paradies genau der Ort ist, wo sie immer schon lebten.

Die Patientin schrieb mir:

„Man sucht oft in der Ferne, um das zu finden, was schon immer direkt vor einem lag. Ich verliere mich zu oft in die Idee, wenn ich im Lotto gewinne, wird alles besser … oder wenn ich endlich 20 Kilogramm weniger wiege, wird alles gut. Wenn ich meine eigene Wohnung, mein Auto und eine erfüllende Arbeit habe … DANN ist alles o. k. Das wird nie so stimmen. Die Kiste riecht zwar nach Bananen und verspricht viel, aber das Paradies ist immer dort, wo man es sich macht (unter den gegebenen Umständen).

Diese Geschichte bedeutet für mich auch, dass man immer wieder aufbrechen und neue Wege suchen sollte, auch wenn wir am Ende das finden, was wir eigentlich schon vorher hatten. Nur mit dem Unterschied, dass wir manches mit anderen Augen sehen lernen. Man wird immer um eine oder mehrere Erfahrungen reicher, und im besten Fall hat man auch wieder etwas daraus gelernt.

Ich hoffe sehr, der Aufenthalt hier führt mich auf den Weg meines Herzens und dass ich dieses Stück ‚Heimat' in meinem Herzen wirklich finde, ohne es dauernd im Außen zu suchen."

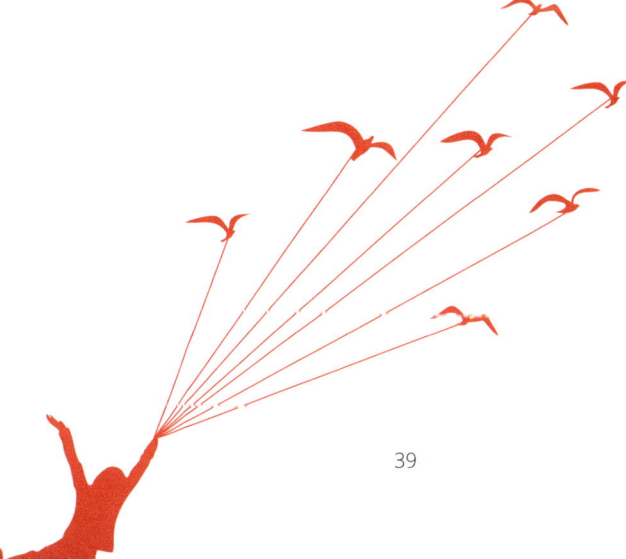

Man kann die Erzählung auch auf Weihnachten umlegen: Das Fest der Geburt Christi werden wir nur finden und erleben, wenn es im eigenen Herzen stattfindet.

Ein Satz von Angelus Silesius, den wir längere Zeit in uns nachklingen lassen sollten, lautet: „Wäre Christus tausendmal geboren, aber nicht in dir, du bliebest ewiglich verloren!"

Nein, nicht verloren, das glaube ich nicht, aber die Freude über die Geburt Jesu bliebe mir versagt. Trotzdem aber wäre er gegenwärtig. Könnte man das Dichterwort ändern und sagen: „... doch nicht in dir, er hat dich dennoch auserkoren!"?

✩ ✩ ✩ IMPULS ✩ ✩ ✩

WAS IST MEIN „PANAMA-TRAUM"?

ES GIBT SIE, DIE ENGEL

Im Advent und zu Weihnachten haben die Engel Hochkonjunktur. Überall hängen sie, schweben sie, luftig, bunt, phantasievoll, oft mit lockigem Haar.

Sie erinnern an den Engel, der zu Maria kam oder Josef im Traum erschien, der die frohe Botschaft von der Geburt Jesu verkündete, bald verstärkt durch einen großen Chor.

Wie immer man sich die Engel vorstellt, sie verkörpern oder symbolisieren das Einwirken und Eingreifen Gottes, seine tröstende, ermutigende, heilende, stärkende Gegenwart.

Engel können Einsichten sein, Gedanken, innere Impulse, aber auch ganz konkrete „Wesen" ohne Flügel, also Menschen, die mit beiden Füßen auf dem Boden stehen.

Engel kommen oft inkognito, versteckt in einer Einladung zu einem Konzert oder einer Tasse Kaffee, oder noch geheimer in einem Brief, einem Anruf.

Wie oft sagen wir zu jemandem: „Du bist ein Engel", oder: „Dich hat der Himmel geschickt!", weil er oder sie uns wohl getan hat.

Max Feigenwinter schreibt:

Du kommst auf mich zu
wenn ich es gar nicht erwarte
Du sprichst mich an
wenn ich mich allein fühle
Du hörst mir zu
wenn ich an mir zweifle
Du stehst zu mir
wenn ich schwach bin
Du bleibst bei mir
wenn ich abweisend bin
Du stellst mir Fragen
die mich fördern
Du ermutigst mich
anzunehmen, was ist
Du forderst mich auf
zu sein, wie ich bin
Du sagst ja

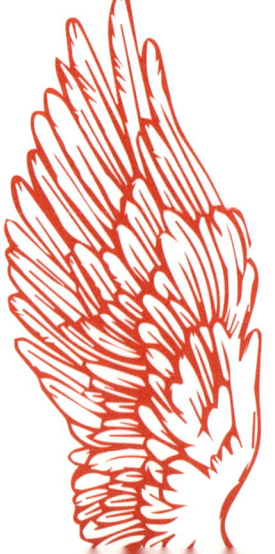

ja zu mir
und ich spüre
wie in mir Neues wächst:
neues Vertrauen
neue Hoffnung
neues Leben

Ja, es gibt sie, die Engel! In einem modernen Lied wird die Frage gestellt: „Wirst du für mich, werd' ich für dich der Engel sein?"

Meistens kommen Engel unerwartet. Manchmal sind sie da, und man merkt es nicht oder erst im Nachhinein.

☆ ☆ ☆ IMPULS ☆ ☆ ☆
UND WEM KÖNNTE ICH
HEUTE EIN ENGEL SEIN?

☆　☆　☆　☆　**12. Dezember**

GUTE AUSSICHTEN

Angesichts vieler Ereignisse und Erfahrungen in unserem Leben könnte einem der Optimismus schon vergehen. Aber das Reich Gottes ist schon angebrochen – und deshalb haben wir gute Aussichten.

Mein erster „Chef", den ich ansonsten sehr schätzte, hatte einen etwas negativ gefärbten Blick für unsere Zeit: „Es ist wie auf einer schiefen Ebene. Alles geht abwärts!" Wir, seine jungen Kapläne, hielten natürlich dagegen: „Es gibt doch auch viel Positives!"

Natürlich sehen, hören, lesen wir täglich von schrecklichen Ereignissen, von Kriegen, Terroranschlägen, Gewalttaten, Umweltzerstörung, Missbrauchsgeschichten usw. Da fragen wir uns zu Recht: Stimmt das, was der Prophet Jesaja verspricht: „Es kommt die Zeit, da wohnt der Wolf beim Lamm, der Panther liegt beim Böcklein, der Säugling spielt vor dem Schlupfloch der Natter! Man tut nichts Böses mehr und begeht kein Verbrechen!" (vgl. Jes 11,6–9) Das klingt ja wie ein Märchen. Davon sind wir doch Kilometer weit entfernt.

Dennoch

Nein, ich will mich nicht auf den Himmel vertrösten lassen und auf ein besseres Jenseits warten, in dem sich das alles erfüllt. Dennoch, wir glauben, dass durch Jesus im innersten Kern der Welt das Heil-Werden begonnen hat. Ich möchte auch nichts schönreden, aber ich sehe viele Hoffnungszeichen. So erlebe ich, dass die beiden Nachbarinnen, Frau Nagel und Frau Milana aus Tschetschenien, recht gut mitei-

nander können. Der Pensionist Jakob hat für zwei Türkenkinder im gleichen Haus die Opa-Rolle übernommen, geht mit ihnen zum Schulfest, hilft bei den Hausaufgaben und spielt sogar mit ihnen. Der Serbe in meiner Nachbarschaft grüßt immer sehr freundlich und hat mich schon mehrmals auf ein Bier oder einen Kaffee eingeladen.

Er wusste …

Da und dort fließt etwas vom Himmel herein. Wir müssen nur den Blick dafür schärfen. Von Jesus wird gesagt: „Er wusste, was im Menschen war!" (Joh 2,25) Ich denke, er kennt auch die dunklen Seiten in unseren Herzen, weiß, dass wir manchmal durchaus böse Gedanken hegen oder nachtragend und hartherzig sein können. Aber er weckt auch die guten Anteile in uns, hält die Sehnsucht nach Frieden und gegenseitigem Verstehen wach.

☆ ☆ ☆ IMPULS ☆ ☆ ☆

BIN ICH GRUNDSÄTZLICH POSITIV EINGESTELLT ODER EHER SKEPTISCH UND PESSIMISTISCH, WENN ICH UNSERE ZEIT BETRACHTE?

☆ ☆ ☆ ☆ **13. Dezember**

WIR SIND ALLE ZUM LEUCHTEN BESTIMMT

Bei einer Tagung für „Frauen-Selbsthilfe-Gruppen nach Krebs" mit etwa 500 Teilnehmerinnen durfte ich einen ökumenischen Gottesdienst leiten. Einige von ihnen überlegten die Gestaltung. Dabei wünschten sie folgenden Text:

Unsere tiefgreifendste Angst ist,
über das Messbare hinaus kraftvoll zu sein.
Es ist unser Licht, nicht unsere Dunkelheit,
die uns am meisten Angst macht.
Wir fragen uns, wer bin ich,
mich brillant, großartig, talentiert, phantastisch zu nennen?
Aber wer bist Du, Dich nicht so zu nennen?
Dich selbst klein zu halten, dient nicht der Welt.

Es ist nichts Erleuchtetes daran, sich so klein zu machen,
dass andere um Dich herum sich nicht unsicher fühlen.
Wir sind bestimmt zu leuchten, wie es die Kinder tun.
Wir sind geboren worden, um den Glanz Gottes, der in uns
ist, zu manifestieren.
ER ist nicht nur in einigen von uns, er ist in jedem einzelnen.
Und wenn wir unser Licht erscheinen lassen,
geben wir unbewusst anderen die Erlaubnis, dasselbe zu tun.
Wenn wir von unserer eigenen Angst befreit sind,
befreit unsere Gegenwart automatisch andere.

Marianne Williamson

Am meisten beeindruckte mich der Optimismus, die Fröhlichkeit dieser Frauen. Viele von ihnen hatten in ihrer Erkrankung schon Schweres durchgemacht. Aber ihre innere Kraft brachte auch in mir etwas zum Leuchten.

Die vielen Kerzenlichter im Advent lassen uns ruhig werden und entzünden ein Licht in uns, erinnern uns an das Licht, das mit Jesus aufgeleuchtet ist, aber auch an das eigene Licht.

Ein fünfzehnjähriges Mädchen schrieb mir:

„Ich habe meiner Oma zu Weihnachten eine Karte geschenkt mit der Geschichte vom kleinen Licht, das ganz allein gegen die große Finsternis ankämpft. Am Ende schrieb ich noch, dass sie ein ganz großes Licht für mich ist. Sie hat sich sehr gefreut. Dann hat sie mir erzählt, dass sie sich oft einsam fühlt, so ganz allein, und dass sie jetzt etwas hat, das ihr hilft: Die Gewissheit, dass sie Licht ist für jemanden und jemand für sie."

✩ ✩ ✩ IMPULS ✩ ✩ ✩
ICH KÖNNTE AUCH JEMANDEM
SO EINE KARTE SCHICKEN.

 **14. Dezember**

WER IST SCHULD, DASS DIE WELT IST, WIE SIE IST?

Ich begann zu beten

Da begann ich zu fragen.
Wer ist schuld,
dass die Welt so ist, wie sie ist?
Wir? Niemand? Gott? Sonst wer?
Wer wird sie verändern?
Wir? Niemand? Gott? Sonst wer?
Wer tut etwas?
Wir? Niemand? Sonst wer?
Da begann ich zu fragen.
Ich begann zu beten.

Martin Gutl

Dieses Gedicht von Martin Gutl begleitet mich schon viele Jahre, denn seine Fragen beschäftigen mich ebenfalls sehr oft. Die Antwort der Bibel scheint klar zu sein. Am Anfang war alles bestens. Gott sah, dass es gut war, heißt es bei der Erschaffung der Pflanzen und Tiere. Und zum Schluss sah Gott, dass es sehr gut war. (vgl. Gen 1)

Diese Feststellung musste Gott wohl schon bald revidieren. Bei der Sintflutgeschichte lesen wir, dass es Gott reute, die Menschen erschaffen zu haben, weil ihre Schlechtigkeit zunahm und ihr Sinnen und Trachten immer nur böse war. (vgl. Gen 6,5)

Müssten wir da Gott nicht entgegenhalten: „Bist du nicht selbst schuld daran? Warum hast du uns diese unfertige Welt übergeben, damit wir sie beherrschen? Warum hast du uns die Freiheit geschenkt, die wir oft genug missbrauchen? Du hast es doch ermöglicht, dass wir Böses tun und sündigen können, dass wir deine Pläne verderben und ‚Nein' zu deinem Willen sagen können. Wieso willst du uns Menschen dafür strafen und vernichten?"

Der Preis

Wenn ich die Botschaft der Bibel recht verstehe und interpretiere – das mag auch eine Anmaßung sein –, würde Gott vielleicht so antworten: „Nur deshalb habe ich euch als freie Wesen ins Leben gerufen und euch mit Vernunft begabt, damit ihr mir ähnlich seid, damit ihr mich erkennen und vor allem aber lieben könnt. Als Marionetten wäret ihr seelenlose

Geschöpfe. Ihr sollt aus freiem Entscheid heraus mich und meine Werke und auch einander lieben. Die Freiheit ist die Bedingung, die Voraussetzung für die Liebe, aber auch zugleich ein hoher Preis, denn sie macht es möglich, dass ihr Menschen mir oft genug eure Liebe verweigert und euch gegen mich stellt."

Die Frage bleibt

Wer ist schuld, dass die Welt so ist, wie sie ist? So gesehen beide: der Schöpfer und die Geschöpfe. Dennoch steht Gott in seiner Treue, in seinem Erbarmen himmelhoch über uns erdhaften und oft auch boshaften Menschen, wenn er sagt: „Ich kann gar nicht anders, als euch zu lieben!" Deshalb schreibt der Prophet Zefanja im Namen Gottes: „Er freut sich und jubelt über dich, er erneuert seine Liebe zu dir, er jubelt über dich und frohlockt, wie man frohlockt an einem Festtag!" (vgl. Zef 3,17)

Macht die Liebe sogar Gott blind? Nein, er weiß, wie es um uns steht. Dennoch bleibt er dabei: „Ich liebe dich und erneuere täglich meine Liebe zu dir!"

☆ ☆ ☆ IMPULS ☆ ☆ ☆
KANN ICH DAS FÜR MICH UNTERSTREICHEN
UND ANNEHMEN: GLAUBEN HEISST,
SICH VON GOTT GELIEBT WISSEN?

GOTT, ÖFFNE UNS DEINE TÜR

Wir hatten in unserer Pfarre das Adventthema gewählt: „Türen öffnen". Vorne neben dem Altar hatten wir einen alten Türstock samt Türe hingestellt, die sich jeden Sonntag weiter öffnete.

Wenn wir jemanden suchen oder vor einer fremden Türe stehen, schauen wir zuerst auf die Hausnummer oder das Namensschild: „Stimmt die Adresse? Bin ich da am richtigen Ort?"

Ähnlich könnten wir uns heute fragen: „Wo ist das Tor zum Weihnachtsfest?"

Nehmen wir an, über diesem Eingang hängt ein Schild: „Zum Weihnachtsmarkt in Innsbruck, Salzburg, Ulm und anderswo!" Da würde der Prophet am Jordan uns sofort zurufen: „Kehrt um. Das ist die falsche Adresse!"

Eine andere Variante: Es hängt eine große Liste da: „Was noch zu erledigen ist: Einkäufe, Schularbeiten, Geschenke

besorgen, Post schreiben, Besuch bei Tante Frieda und On-
kel Franz, dringende Arbeiten und anderes mehr." – Stress
pur! Ich bin mir sicher, dass Johannes uns ebenfalls zurecht-
weisen würde: „Macht eine Kehrtwendung! Sonst könnt ihr
Weihnachten abhaken, vergessen!" Dasselbe ist auch der Fall,
wenn das Gestrüpp und die Dornen von Streit und Unfrieden
vor der Türe wachsen.

Gottes Wohnung – der Mensch

Wie können wir nun wirklich einen Zugang zum Weihnachts-
geschehen finden? Eine chassidische Geschichte erzählt:
„Rabbi Mendel von Chozk überraschte einst einige gelehrte
Männer, die bei ihm zu Gast waren, mit der Frage: ‚Wo wohnt
Gott?' Sie lachten über ihn: ‚Wie redet ihr! Ist doch die ganze
Welt seiner Herrlichkeit voll!' Er aber beantwortete die eige-
ne Frage: ‚Gott wohnt, wo man ihn einlässt!'" (Martin Buber)

Das heißt: Es ist eigentlich umgekehrt. Nicht *wir* müssen den Durchgang zu Gott suchen, sondern *ER* steht draußen und möchte zu uns herein. Er wartet, bis wir ihm öffnen. In der Offenbarung des Johannes steht: „Ich stehe vor der Tür und klopfe an. Wenn einer meine Stimme hört und die Tür öffnet, bei dem werde ich eintreten und Mahl mit ihm halten und er mit mir." (Offb 3,20)

Also: Die Türe findet sich in unserem eigenen Herzen und *wir* müssen sie von innen öffnen. Genau darum geht es: Gott will immer neu geboren und Mensch werden – in uns!
Um sein Klopfen zu hören, müssen wir das Radio und den Fernseher zurückdrehen und einfach still werden, alles abschalten, was uns ablenkt. Es tut wohl, nur in Ruhe dazusitzen, den eigenen Atem zu spüren und zu denken: „Gott, du bist da. Du schaust mich wohlwollend und zärtlich an. Was willst du mir hier und jetzt sagen?"
Ich könnte auch anfangen zu beten:

Gott,
ich öffne meine Tür.
Mache du auch die deine auf.
Dann können wir hin und her gehen.
So entdecke
und spüre ich,
dass wir beieinander daheim sind.
Lass mich begreifen,

was es bedeutet,
bei dir eine Herberge zu haben,
wo ich rasten kann
im Unterwegs-Sein.
Mach mich auch zugänglich für die,
die meinen Lebensraum
besuchen wollen.

Gott, öffne mir deine Tür,
damit ich beheimatet bin in dir.

✩ ✩ ✩ IMPULS ✩ ✩ ✩

ICH LASSE ETWAS VON MEINEM
TAGESPLAN WEG (VIELLEICHT
MACHE ICH ES MORGEN) UND
SCHENKE MIR EINE VIERTELSTUNDE.

EIN WEIHNACHTS-FEST DER STILLE

Irgendwann flog mir dieses Gedicht zu:

Am Heiligen Abend löste eine kleine, verirrte Maus
im Elektrizitätswerk einen Kurzschluss aus.
Lichter erloschen, Millionen Watt.
Plötzlich alles dunkel und still in der Stadt.
Da auch Radio und Fernsehen nicht gingen,
musste man „O du fröhliche" selber singen.
Der Pfarrer konnte keinen Text mehr lesen.
Stattdessen sprach er frei mit seinem Herzen und Wesen.
Und irgendwo entzündete jemand ein kleines Licht
und sagte zu einem Kind: Fürchte dich nicht!

Meine Phantasie blüht auf. Wie wäre ein Weihnachtsfest ohne Strom? Ich meine, sogar schöner und intensiver, vorausgesetzt, wir könnten wenigstens die Wohnung heizen.

Vielleicht sollten wir doch öfters den Strom ausschalten.

☆ ☆ ☆ IMPULS ☆ ☆ ☆

ICH PROBIERE ES UND SITZE HEUTE EINMAL
NUR IM DUNKELN BEI KERZENSCHEIN.
ICH HALTE ES EINE WEILE MIT MIR ALLEIN AUS,
WARTE, HORCHE, SCHWEIGE, WARTE WEITER ...

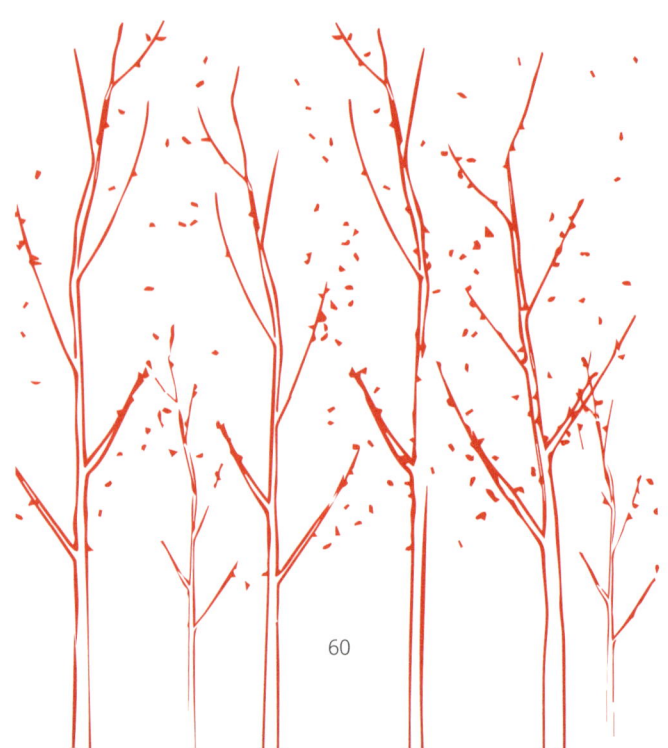

MAN SCHENKT ...

Das deutsche Wort „schenken" bedeutet ursprünglich, jemandem etwas zu trinken geben. Wir reden vom Einschenken, von der Schenke und vom Ausschank.

Zu Weihnachten feiern wir die Botschaft: Gott stillt unseren Durst nach Liebe, Zuwendung, Wertschätzung, Angenommen-Sein, und wir machen es ihm mit unseren wechselseitigen Geschenken nach.

Allem Jammern über den Weihnachtskommerz halte ich entgegen: Es gibt im ganzen Jahr keine Zeit, in der Menschen einander so viel schenken wie zu Weihnachten.

Natürlich geschieht manches als Pflichtübung. Aber ich sehe es positiv. Wie viel Aufmerksamkeit und Herzlichkeit wird da mitgeschenkt, wie viele gute Gedanken. Liebevoll und mit Phantasie werden für andere Geschenke besorgt und vorbereitet. Und alle bringen damit zum Ausdruck: „Ich liebe und ich schätze dich!"

Selbst die Oma, die jedes Jahr die Kinder und Enkel mit selbstgefertigten Socken beglückt, hat in jede Masche viel, viel Liebe und Gebete hineingestrickt.

Alles Schenken ist eine Fortsetzung des Weihnachtsgeschehens. Die Geburt Jesu zeigt, dass Gott uns nicht nur etwas, sondern sich selbst, seine bedingungslose Liebe schenkt.

Es ist großartig, welche Geschenkwelle dieser Jesus ausgelöst hat.

Und mit der Post, mit Mails und Anrufen spannen Menschen ein Netzwerk von guten Wünschen rund um den Globus. Angefangen hat es mit dem Liebesbrief Gottes: „Ich liebe dich, du Welt, du Mensch!"

Und während des Jahres?

Auf dem Fußweg zu meinem Büro kommen mir, wenn Unterricht ist, kurz vor acht Uhr dutzende Schüler und Schülerinnen entgegen. Ich grüße sie ganz bewusst. Nicht wenige antworten mit einem Lächeln. Das sind für mich die Geschenke des Morgens.

Diese kleinen Dinge und Liebenswürdigkeiten sind mir lieber als die großen. Dann fühle ich mich verpflichtet, Ähnliches zu geben.

☆ ☆ ☆ IMPULS ☆ ☆ ☆
ICH SCHENKE JEMANDEM
EINE KLEINE ÜBERRASCHUNG.

☆ ☆ ☆ ☆ **18. Dezember**

BERÜHRT WERDEN UND STAUNEN

Ein Stück Paradies

Natürlich, der Christbaum darf nicht fehlen. Seit dem 16. Jahrhundert stellen die Christen, bei uns sogar manche Moslems, einen geschmückten Weihnachtsbaum in die Stube. Der Christbaum erinnert an den Paradies-Baum. Deshalb hängen wir auch Kugeln, silberne, rote, goldene, blaue, an die Äste. Sie sollen die Paradies-Äpfel symbolisieren.

Aber – geben wir's zu – das Paradies haben wir schon längst verloren, das bleibende, ungetrübte Glück. Wir müssen nur die Zeitung aufschlagen, die Fernsehnachrichten verfolgen, durch die Krankenhäuser und Pflegeheime gehen, oder durch die Asylunterkünfte und Gefängnisse, dann wird sofort klar, dass es den paradiesischen Zustand nicht gibt, wohl auch nie gegeben hat.

Aber für Menschen, die Jesus begegnet sind, war es, als ob ein Stück Himmel herunterfließen würde. In seiner Nähe fühlten sie sich frei, wie von einem zärtlichen Gott umarmt.

Symbole, die wirken

Wir hängen Strohsterne auf den Baum, zünden Wunderkerzen an, von denen hunderte leuchtende Funken wegfliegen. Die Sterne erinnern an den einen, der die drei Weisen zu Jesus geführt hat. Leider sehen viele Menschen in ihrem Leben keine funkelnden Sterne mehr, weil die Nebeldecke schwerer Gedanken und der Traurigkeit ihr Herz verdunkelt oder weil sie vor lauter Geschäftigkeit nur noch nach unten, auf den Boden starren.

Früher zeigten die Gestirne am Nachthimmel den Seefahrern den richtigen Weg. Die Sterne auf dem Christbaum verkünden: An diesem Jesusstern kannst du dich orientieren. Er leuchtet in die Dunkelheit deines Herzens und verheißt dir wie der Morgenstern einen neuen Tag. Er flüstert dir zu: „Ich bin da, fürchte dich nicht!"

Ganz ähnlich wollen auch die vielen Kerzen auf dem Christbaum uns die Augen für die Botschaft öffnen: Mit diesem Jesus ist es hell geworden. Selbst der Luftzug von Streitigkeiten und der Unzufriedenheit kann dieses Jesuslicht nicht auslöschen.

Vor Jahren rief mich eine Frau an. Sie sei zu Weihnachten ganz depressiv und traurig gewesen. Am Heiligtag sei sie im Wald durch den Schnee spazieren gegangen. Auf einmal sei sie vor einer mit Lametta, Kugeln und Kerzen geschmückten kleinen Tanne gestanden. Und ganz plötzlich sei ihre schwere, düstere Stimmung verflogen. Es gehe ihr jetzt wieder viel besser. Ob ich nicht wüsste, wer diesen Baum so verziert hat.

Ich konnte es ihr sagen: Es war eine Jungschargruppe gewesen. Ich wünsche uns, dass wir auch irgendwann, irgendwo in diesen Tagen innerlich angerührt werden.

✩ ✩ ✩ IMPULS ✩ ✩ ✩

EIN WALDSPAZIERGANG IST IMMER GUT!

ERHOBENEN HAUPTES

Jesus beschreibt in dunklen Bildern, wohlgemerkt: Bildern (!), die den damaligen Vorstellungen entsprachen, das Ende der Welt. Und dann? Was folgt nachher? Es geschieht die endgültige Verwandlung der Welt in das himmlische Reich Gottes, von dem Jesus oft spricht und das mit ihm durchbricht, sichtbar wird.

Die frohe Botschaft lautet: Am Ende steht nicht die Vernichtung und Zerstörung, sondern der letzte Advent, die Ankunft des Herrn.

Kurt Marti schreibt in einem Gedicht:

Der Himmel, der ist,
ist nicht der Himmel,
der kommt, wenn einst Himmel und Erde vergehen.

Der Himmel, der kommt,
das ist der kommende Herr,
wenn die Herren der Erde gegangen.

Der Himmel, der kommt,
das ist die Welt ohne Leid,
wo Gewalttat und Elend besiegt sind.

Der Himmel, der kommt,
das ist die fröhliche Stadt
und der Gott mit dem Antlitz des Menschen.

Der Himmel, der kommt,
grüßt schon die Erde, die ist,
wenn die Liebe das Leben verändert.

Sich aufrichten

Dieser Himmel hat schon begonnen in uns, unter uns, wo immer die Liebe fließt und spürbar wird.

In dieser Hoffnungsperspektive können wir uns aufrichten. „Erhebt eure Häupter, denn eure Erlösung ist nahe!", sagt Jesus (Lk 21,28). Wenn wir uns bücken, gebeugt sind von Ängsten, Sorgen und anderen Belastungen, nur noch nach unten schauen, dann wird automatisch das Blickfeld kleiner, verengt sich der Horizont. Sobald wir uns aber aufrichten, weitet sich die Sicht und wir atmen freier. Die rituelle Erfahrung dazu machen wir bei der Krankensalbung, bei der den Kranken oder Sterbenden zugesagt wird: „Der Herr, der dich von Sünden befreit, rette dich. In seiner Gnade richte er dich auf und schenke dir seinen Frieden."

Das heißt: „Gott berührt dich liebevoll und ist selbst berührt, betroffen von deinem Zustand. Aber seine Nähe lässt dich aufatmen, aufleben! Richte dich vertrauensvoll auf! Er entlastet dich von dem, was dich bedrückt!"

Wenn wir spüren, dass wir geliebt sind, wachsen wir innerlich, fühlen wir uns etwas wert, bekommen wir einen neuen Blick. Das ist die Erfahrung von Erlösung.

„Und jetzt geht erhobenen Hauptes durchs Leben", sagt Jesus. „Berauscht oder betäubt euch nicht durch alles Mögliche, lebt wachsam und hoffnungsvoll!"

Wie schaut das konkret aus? Eine Frau, deren Patenkind tödlich verunglückt ist, schrieb mir: „Trotz der Last in unseren Herzen sind wir getragen und umhüllt von Kraft, Freude, Liebe und Hoffnung. Sie – die Verunfallte – war und bleibt für uns alle etwas Besonderes. Wir nehmen sie in die Mitte des Tages und versuchen weiterzuleben. Der Alltag wird etwas langsamer und bewusster!" Genau das ist es: langsamer und bewusster!

✩ ✩ ✩ IMPULS ✩ ✩ ✩

ICH KÖNNTE DAS NACHVOLLZIEHEN UND
EINEN WEG LANGSAMER, BEWUSSTER UND
ERHOBENEN HAUPTES GEHEN.

HÜPFEN WIE
DIE KÄLBER

Die Bibelworte sind wie ein Bilderrätsel. Man muss sie deuten, um sie zu verstehen. So auch bei der Geschichte von der Begegnung von Elisabeth und Maria, der Tante und ihrer Nichte (vgl. Lk 1,39–43). Jede von ihnen erwartet ganz überraschend ein Kind. Die eine ist relativ alt, die andere noch relativ jung, höchstens fünfzehn Jahre. Heute würden wir sagen: beides Risikoschwangerschaften.

Ich stelle mir vor, dass die zwei sich vor Freude in den Armen gelegen sind, aber vielleicht haben sie auch geweint.

Elisabeth hat jahrelang auf ein Kind gewartet. Sie kennt die Blicke und Kommentare der Nachbarinnen, denn kein Kind zu haben galt als Makel oder Strafe. Jetzt steigt die Sorge in ihr auf: „Wie schaffe ich das? Werde ich lange genug leben, um das Kind großzuziehen?"

Und Maria muss damit leben lernen, dass es anders gekommen ist, als sie sich gedacht hat, denn offensichtlich wirft Gott ihre Pläne über den Haufen. Sie ist ja auch noch nicht offiziell verheiratet.

Die Deutung ist wichtig

Ich möchte ein ganz kleines Detail aus dem Bibeltext herausgreifen. Es wird berichtet, dass das Kind in Elisabeths Schoß vor Freude gehüpft ist. Woher weiß das Lukas, der erst achtzig Jahre später das Evangelium geschrieben hat, nachdem Elisabeth schon lange tot war? Dieser scheinbar unwichtige Hinweis hat eine besondere Bedeutung. Beim Propheten Maleachi steht auf der allerletzten Seite des Ersten Testamentes: „Für euch aber, die ihr meinen Namen fürchtet, wird die Sonne der Gerechtigkeit aufgehen und ihre Flügel bringen Heilung. Ihr werdet hinausgehen und Freudensprünge machen wie Kälber, die aus dem Stall kommen." (Mal 3,20)

Ein interessanter Vergleich. Der Evangelist sagt ganz bewusst im Blick auf dieses Wort: Mit Jesus kommt Gott. Jetzt wird alles gut, das Heilwerden der Welt hat grundsätzlich begonnen! Und deshalb dürfen wir hüpfen! So wie die Kälber, die den ganzen Winter im Stall stehen mussten. Wird dann im Frühjahr die Stalltüre geöffnet, springen die Tiere voll Freude hinaus, gehen übermütig hinten und vorne hoch.

Natürlich machen wir keine so großen Sprünge wie die jungen Kälber, aber unser Herz sollte wenigstens kleine Flügel bekommen. Das Kind, dessen Geburt wir bald feiern, ist der

Gott-mit-uns. Jetzt kann uns nichts von seiner Liebe trennen.

Das Wort hüpfen kommt von hoppen, das heißt hoffen. Ach, könnten wir wenigstens ein bisschen wie die Kinder vor der Bescherung hoffnungsvoll und gespannt auf das warten, was Gott uns schenkt.

Ich wünsche uns allen wenigstens ein bisschen von dieser kindlichen Faszination, auch wenn wir unter dem Dunkel des Herzens und der Welt leiden. Aber die Nächte sind jetzt geweihte Nächte und nicht mehr trostlos, weil Gott sie mit uns teilt.

☆ ☆ ☆ IMPULS ☆ ☆ ☆
WAS BRINGT DENN
MEIN HERZ ZUM HÜPFEN?

☆ ☆ ☆ ☆ **21. Dezember**

UM WAS GEHT ES IN DEN KOMMENDEN TAGEN?

heimsuchung

um was geht es heute
und in den kommenden tagen
und immer
um was geht es
daß wir mensch werden
keiner wird doch von uns behaupten
er sei schon mensch
die frage ist immer dieselbe
ob bei uns wirklich

der mensch dem menschen
unterkunft gibt
ob in unseren kreisen jesus
der ja in uns allen steckt
geboren werden kann
ob der in uns
in unseren kreisen
das licht der welt
erblicken kann
ob jesus aus uns heraus geboren wird
ob er bei uns beherbergt wird
zu hause
oder hier in unseren gottesdiensten
ob hier eine freundliche
menschenfreundliche
atmosphäre geboren wird
oder was ist hier los
jesus oder was anderes
[…]
wird jesus geboren
bei den meßdienern
bei unseren kindern
bei der frauengemeinschaft
oder in der kolpingsgruppe
beim altennachmittag
wird da jesus geboren
oder beim kirchenchor

wird da jesus geboren

das sind fragen

kurz vor dem fest der geburt jesu

[...]

wilhelm willms

EINFACH UNGLAUBLICH

Die folgende Geschichte hat sich in New York abgespielt:

„Unser Taxi schaffte in jener Vorweihnachtszeit in fünfzehn Minuten etwa zwei Häuserblocks. ‚Dieser Verkehr ist eine Katastrophe', schimpfte mein Begleiter. ‚Er nimmt mir das bisschen Weihnachtsstimmung, die ich habe.' Mein anderer Begleiter war philosophischer: ‚Es ist schon unglaublich', sinnierte er, ‚ganz und gar unglaublich. Denkt doch bloß – ein Kind, das vor fast zweitausend Jahren mehr als achttausend Kilometer von hier geboren wurde, verursacht ein Verkehrschaos auf der Fifth Avenue in New York. Tja, das ist tatsächlich unglaublich!'" (Norman Vincent Peale)

Diesen Gedanken möchte ich aufgreifen: Es ist wirklich unfassbar, unbeschreiblich, was dieser Jesus, dessen Geburt wir bald feiern, alles ausgelöst und bewirkt hat.

Lichterkette und Lieder

Es ist unglaublich: Rund um die Welt, von hier bis nach Australien, strahlt die Weihnachtsbeleuchtung, in den Dörfern und Städten werden Häuser und Bäume illuminiert, hängen Lichtteppiche von den Balkonen, stehen glitzernde Rentiere auf der Wiese. Und warum das alles? Nicht bloß, weil es romantisch ist, sondern weil wir lichthungrig sind. Das verdunkelte, müde, erschöpfte, traurige Herz sucht Hoffnungslichter, Trost- und Freudenlichter. Die finden wir bei diesem Jesus, der von sich sagt: „Ich bin das Licht der Welt!" Im Blick auf ihn sagen Menschen durch alle Jahrhunderte bis heute: „Es ist hell, weil du da bist!"

Es ist unglaublich, welches Echo der Geburtsschrei eines Neugeborenen in einem Viehunterstand bei Betlehem vor so langer Zeit heute noch nachklingen lässt.

Vor zwei Jahren stand ich in der Heiligen Nacht vor der Kirche eines Bergdorfes. Es war eine wunderbare, sternenklare Winternacht. Ich schaute zum Himmel empor und dachte: Die Dunkelheit wandert in 24 Stunden rund um die Erde und – zeitlich verschoben – singen Milliarden Menschen aus vollem Herzen in dreihundert Sprachen: „Stille Nacht, heilige Nacht … Christus, der Retter ist da." Und sie lassen sich dabei im Herzen von der Botschaft berühren: „Euch ist heute der Heiland geboren."

☆ ☆ ☆ IMPULS ☆ ☆ ☆
ICH ERKUNDIGE MICH,
WO ICH DAS FRIEDENSLICHT
VON BETLEHEM HOLEN KÖNNTE.

☆ ☆ ☆ ☆   **23. Dezember**

GOTT WIRD
EINER VON UNS

Weihnachten – ein anderes Wort für Liebe

Der Tod Jesu am Kreuz ist der Ernstfall und die Vollendung seiner Liebe. Sie zeigt sich schon bei seiner Geburt in einem Stall, irgendwo in einem Winkel des römischen Weltreiches, unbemerkt von den Mächtigen der Welt. Ein Arme-Leute-Kind wird zum Inbegriff der unglaublichen Liebe Gottes zu uns allen.

Weihnachten – ein anderes Wort für Hoffnung

Wenn Gott unsereiner/unsereine wird, dann gibt es gar nichts mehr, was uns endgültig von Gott trennen kann. Und wer in ein Menschengesicht schaut, sieht etwas von Gott. Das lässt uns hoffen, dass unser Leben einen bleibenden Wert hat und „… dass die Blätter der Rose am Boden eine leuchtende Krone bilden!" (Hilde Domin)

Weihnachten – ein anderes Wort für Menschwerdung

Gott wird einer von uns, angefangen vom Geboren-Werden bis zum elenden Sterben. Er lässt keine Station des Lebens aus. An Jesus können wir ablesen, wie geglücktes Mensch-Sein ausschaut. „Mach es wie Gott und werde Mensch!"

Weihnachten – ein anderes Wort für Gott

Die Geburt Jesu zerbricht die üblichen Gottesbilder, beeindruckend formuliert im Gedicht von Kurt Marti:

Weihnacht

damals
als gott
im schrei der geburt
die gottesbilder zerschlug

und
zwischen marias schenkeln
runzelig rot
das kind lag

✿ ✿ ✿ IMPULS ✿ ✿ ✿
WÄRE ES NICHT GUT, MIT DEN ANDEREN
IN DER FAMILIE ZU BESPRECHEN, WIE WIR
WEIHNACHTEN DAHEIM FEIERN WOLLEN?

LIEBESERKLÄRUNG

Es war ein großes Geschenk für mich, dass ich den berühmten Karl Rahner als Dogmatikprofessor erleben durfte. Neben seinem gewaltigen Wissen beeindruckte mich seine Bescheidenheit und Menschlichkeit. Ein banales Beispiel:

Er kam öfters ins Priesterseminar in die Sauna. Und dann saß er ganz gewöhnlich neben uns kleinen Theologen in der Schwitzkammer, stellte Alltagsfragen, bat um etwas Shampoon und ertrug die Hitze wie wir. Oder er mischte sich beim Umzug am 1. Mai unter die Zuschauer, um zu hören und zu erleben, was die Leute so bewegt.

Vor diesem Hintergrund berührt der Text mit Sätzen von Karl Rahner aus dem Buch „Kleines Kirchenjahr".

Gott hat sein letztes, sein tiefstes, sein schönstes Wort
im fleischgewordenen Wort in die Welt hinein gesagt …

Und dieses Wort heißt:
Ich liebe dich, du Welt, du Mensch ...
Ich bin da, ich bin bei dir.
Ich bin dein Leben, ich bin deine Zeit ...
Ich weine deine Tränen ...
Ich bin deine Freude ...
Wo du nicht mehr weiter weißt,
da bist du ... schon bei mir angelangt und merkst es nicht.
Ich bin in deiner Angst,
denn ich habe sie mitgelitten ...
Wenn die Rechnung deiner Gedanken und deiner
Lebenserfahrung nicht aufgeht,
siehe, ich bin der ungelöste Rest ...
Ich bin in deiner Not,
denn ich habe sie erlitten,
und sie ist jetzt verwandelt,
aber nicht ausgetilgt
aus meinem menschlichen Herzen.
Mensch, sag nur das eine,
dann ist auch für dich Weihnachten,
sag nur: Du bist da.
Nein, sag nichts. Ich bin da.

✩ ✩ ✩ IMPULS ✩ ✩ ✩

VIELLEICHT GEHT SICH NOCH
EIN KURZER BESUCH AUS BEI JEMANDEM,
DER ODER DIE ES SCHWER HAT.

FEIER AM
HEILIGEN ABEND

Wir stehen vor der Krippe oder dem Christbaum.

☆ **Lied „Stille Nacht"**
Stille Nacht, heilige Nacht, alles schläft, einsam wacht
nur das traute hochheilige Paar.
Holder Knabe im lockigen Haar,
schlaf in himmlischer Ruh :/
Stille Nacht, heilige Nacht, Hirten erst kundgemacht,
durch der Engel Halleluja tönt es laut von ferne und nah:
Christ, der Retter ist da! :/
Stille Nacht, heilige Nacht, Gottes Sohn, o wie lacht
Lieb aus deinem göttlichen Mund,
da uns schlägt die rettende Stund,
Christ, in deiner Geburt! :/

☆ Weil Jesus geboren wurde, feiern wir Weihnachten. Hören wir, was der Evangelist Lukas darüber berichtet:

☆ Vorlesen des Weihnachtsevangeliums Lk 2,1–7 (siehe S. 85)
☆ Jetzt kann das Jesuskind in die Krippe gelegt werden.
☆ Lied „Zu Bethlehem geboren" (Gotteslob Nr. 239)
☆ Vorlesen des Weihnachtsevangeliums Lk 2,8–14
☆ Lied „Lobt Gott, ihr Christen" (Gotteslob Nr. 247) oder
☆ „Nun freut euch, ihr Christen" (Gotteslob Nr. 241)
☆ Vorlesen des Weihnachtsevangeliums Lk 2, 15–20

☆ Wir könnten in Stille oder auch laut einige Danksätze oder Fürbitten formulieren, dazu evtl. auch jeweils eine Kerze anzünden. Denken wir an Menschen, die uns lieb und wichtig sind, auch an unsere Verstorbenen, die jetzt im Lichte Gottes leben.

☆ **Gebet**
Du menschenfreundlicher Gott,
wir können nur dankbar staunen,
dass du einer von uns geworden bist
und in den „Ställen" unserer Herzen
zur Welt kommen willst.
Das Licht von Weihnachten leuchte auch uns
und vertreibe alles Dunkle in uns.
Der Friede, den die Engel verkündet haben,

erfülle unser Haus und alle Menschen guten Willens.
Deine zärtliche Liebe berühre uns,
deine Gegenwart erfülle uns,
dein Geist wirke ins uns. Amen

☆ Lied „O du fröhliche" (Gotteslob Nr. 238)

☆ Weil Gott uns beschenkt, wollen auch wir einander etwas Besonderes schenken. Wir packen der Reihe nach, einer nach dem andern/eine nach der andern, die Geschenke aus.

☆ Das gemeinsame Essen und Trinken bringt die Weihnachts-freude und Gemeinschaft zum Ausdruck.

☆ Schön wäre es auch, wenn Familienmitglieder das Singen musikalisch begleiten oder ein weihnachtliches Stück spielen könnten.

Die Geburt Jesu

[1] Es geschah aber in jenen Tagen, dass Kaiser Augustus den Befehl erließ, den ganzen Erdkreis in Steuerlisten einzutragen. [2] Diese Aufzeichnung war die erste; damals war Quirinius Statthalter von Syrien. [3] Da ging jeder in seine Stadt, um sich eintragen zu lassen. [4] So zog auch Josef von der Stadt Nazaret in Galiläa hinauf nach Judäa in die Stadt Davids, die Betlehem heißt; denn er war aus dem Haus und Geschlecht Davids. [5] Er wollte sich eintragen lassen mit Maria, seiner Verlobten, die ein Kind erwartete. [6] Es geschah, als sie dort waren, da erfüllten sich die Tage, dass sie gebären sollte, [7] und sie gebar ihren Sohn, den Erstgeborenen. Sie wickelte ihn in Windeln und legte ihn in eine Krippe, weil in der Herberge kein Platz für sie war. [8] In dieser Gegend lagerten Hirten auf freiem Feld und hielten Nachtwache bei ihrer Herde. [9] Da trat ein Engel des Herrn zu ihnen und die Herrlichkeit des Herrn umstrahlte sie und sie fürchteten sich sehr. [10] Der Engel sagte zu ihnen: Fürchtet euch nicht, denn siehe, ich verkünde euch eine große Freude, die dem ganzen Volk zuteilwerden soll: [11] Heute ist euch in der Stadt Davids der Retter geboren; er ist der Christus, der Herr. [12] Und das soll euch als Zeichen dienen: Ihr werdet ein Kind finden, das, in Windeln gewickelt, in einer Krippe liegt. [13] Und plötzlich war bei dem Engel ein großes himmlisches Heer, das Gott lobte und sprach:

[14] Ehre sei Gott in der Höhe / und Friede auf Erden / den Menschen seines Wohlgefallens.

[15] Und es geschah, als die Engel von ihnen in den Himmel zurückgekehrt waren, sagten die Hirten zueinander: Lasst uns nach Betlehem gehen, um das Ereignis zu sehen, das uns der Herr kundgetan hat! [16] So eilten sie hin und fanden Maria und Josef und das Kind, das in der Krippe lag. [17] Als sie es sahen, erzählten sie von dem Wort, das ihnen über dieses Kind gesagt worden war. [18] Und alle, die es hörten, staunten über das, was ihnen von den Hirten erzählt wurde. [19] Maria aber bewahrte alle diese Worte und erwog sie in ihrem Herzen. [20] Die Hirten kehrten zurück, rühmten Gott und priesen ihn für alles, was sie gehört und gesehen hatten, so wie es ihnen gesagt worden war.

WEIHNACHTEN

Ein herunter gekommener Gott ist er,
ganz wörtlich
und total anders,
als wir es uns ausdenken könnten.

Wir sind seine Leidenschaft,
denn er ist eingefleischter Mensch!
Er hat sich hineinlegen lassen,
nicht nur ins Stroh der Krippe,
und er bleibt dabei – trotz allem.
Er steckt in unserer Haut
und fühlt sich darin sogar wohl.

Sein Liebesbrief wird kopiert
in unzähligen Wünschen.
Er macht eine andere Reklame
als die Geschäfte,
nämlich für den Frieden
und gutes Leben für alle.

☆ ☆ ☆ IMPULS ☆ ☆ ☆

ICH KÖNNTE MICH IN EINER KIRCHE
VOR DIE KRIPPE HINSETZEN,
SIE BETRACHTEN UND EINFACH
DIE GEDANKEN KOMMEN LASSEN.

DEM WUNDER LEISE DAS HERZ HINHALTEN

Die jüdische Dichterin Hilde Domin, die viele Jahre auf der Flucht vor den Nazis war, eine weise Frau, schreibt in einem Gedicht:

Nicht müde werden
sondern dem Wunder
leise wie einem Vogel
die Hand hinhalten!

Vielleicht können wir es ähnlich sagen und schreiben:

- Gott, ich will diesem Wunder leise die Hand und das Herz hinhalten, dass du, Unbegreifbarer, dich greifen, berühren lässt wie ein Kind, das wir auf den Armen tragen.

- Ich will dem Wunder leise das Herz hinhalten, dass du, gro-ßer, mächtiger, erhabener Gott, gleichzeitig ein kleiner, verletzlicher, schwacher Gott bist, wie Kinder es sind, und doch wieder stark, weil du in deiner kindlichen Ohnmacht alle Kräfte der Liebe in uns weckst.

- Ich will dem Wunder das Herz hinhalten, dass du, Gott der Fülle, dich hilfsbedürftig machst, angewiesen auf uns wie ein Kind auf seine Eltern. Ich kann nur darüber stau-nen, dass du dich abhängig machst von uns und unse-re Liebe, Sorge und Zuwendung, auch unsere Mithilfe brauchst, damit es besser wird mit dieser Welt und den Menschen.

- Ich will dem Wunder leise das Herz hinhalten, dass du, geheimnisvoller Gott, nicht bloß Worte machst, eine Bot-schaft sendest, sondern Taten setzt. Du handelst. Du wirst Mensch, unter Schmerzen geboren wie wir alle, dem Tode ausgeliefert, wie es auch unser Los sein wird.

- Ich will dem Wunder leise das Herz hinhalten, dass du, Gott in der Höhe, ein Erden-Gott bist, sogar ein „Stall-Gott". Du bleibst nicht in einsamer, unheimlicher Ferne, thronst nicht oben, sondern bist auf unserer Ebene, wirst geboren unter armseligen Verhältnissen, ein ganz ande-rer Gott, als wir es uns vorstellen können. Und wenn wir dich sehen wollen, müssen wir jetzt nicht mehr hinauf-schauen, sondern hinunter zu den Geringen, Schwachen, Kleinen und Armen.

- Ich will dem Wunder leise das Herz hinhalten, dass du, Gott, das alles tust, weil du uns liebst und weil es deine Freude ist, bei den Menschen zu sein, mehr noch: selbst ein Mensch zu sein.

Ein Sterbender fragte mich einmal: „Weißt du einen Satz, an den ich mich klammern kann?" Ich antwortete mit der Zusage Gottes: „Ich halte deine Hand und behüte dich. Ich gehe mit dir durchs Wasser, durch die Situationen, in denen du den Boden verlierst und untergehst, auch durchs Sterben und alles, was dir Angst macht. Und ich halte mit dir das Feuer aus, leide mit dir, was dir auf dem Herzen brennt!" (vgl. Jes 42,6; 43,2)

„Das reicht mir schon", meinte der Kranke dankbar.

☆ ☆ ☆ IMPULS ☆ ☆ ☆

ICH VERSUCHE, BEI EINEM GOTTESDIENST
NICHTS ANDERES ZU TUN, ALS GOTT DIE HAND
UND DAS HERZ HINZUHALTEN.

WUNDERBAR, ICH BIN JEMAND!

Der Theologe und Tiefenpsychologe Eugen Drewermann berichtet von einem Erlebnis, das ihn sehr berührt hat, und mich auch, als ich diese Geschichte las.

Er hatte eine kleine Fernsehaufzeichnung gesehen, wie Martin Luther King vor einer Gruppe von Farbigen in Alabama gepredigt hat. Der schwarze Prediger redete zu Menschen, denen man alles Mögliche angetan hatte, um ihr Fortkommen zu beschneiden, ihre Würde zu schänden, ihre menschliche Aussicht auf Zufriedenheit und Glück zu zerstören, ja, oft sogar, ihre Gesundheit zu verwüsten; er sprach zu den Ärmsten der Armen in Alabama, und er hielt eine Rede, in der er eigentlich nur aufzählte, was man seinen Zuhörern möglicherweise zugefügt hatte. Er tat dabei so, als wenn er jeden Einzelnen anredete. Jetzt kommt es:

„Es kann sein, du hast nie eine Schule besuchen können; es kann sein, du hast nie ein Paar Schuhe an deinen Füßen getragen; es kann sein, du kannst nicht einmal deine eigene Muttersprache richtig reden; es kann sein, dass du deine Mutter nicht einmal kennengelernt hast; es kann sein, dass du kein Zuhause hast; es kann sein, dass du kein Einkommen besitzt; es kann sein, dass du nicht weißt, wo du heute Nacht schlafen sollst ..."

Doch nach jedem dieser Sätze fügte Martin Luther King hinzu: „Aber ich bin jemand", „Es kann sein, man hat dir oft erzählt, dass du ein Nigger bist; but I am somebody – aber ich bin jemand!" Nach wenigen Sätzen schon verwandelt sich die Predigt in einen Gesang, in dem die ganze Gruppe der Farbigen mit glänzenden Augen, mit wiegenden Oberkörpern, refrainartig, immer wiederholte, rhythmisch, klopfend: „Aber ich bin jemand – but I am somebody!"

Dem Menschen seine Würde zurückgeben

Martin Luther King hat in seinen Worten das Kernanliegen Jesu aufleuchten lassen, der vor allem den Kleinen und Geringen, den Frauen, den Schuldiggewordenen ihre Würde zurückgegeben hat und ihnen geholfen hat, an ihren eigenen Wert zu glauben: dem Betrüger Zachäus, der Samariterin mit ihren wechselnden Männergeschichten, der Ehebrecherin, die die Gesetzeshüter umbringen wollten, dem Petrus, der ihn verleugnet hatte, dem Judas, den er im Herzen zum Vatergott getragen hat, der Dirne, die ihm mit ihren Tränen seine Füße nass machte, der Ausländerin, die hinter ihm her lärmte und um Hilfe bat, den Aussätzigen, die lebend wie tot außerhalb des Dorfes vegetierten, dem Sünder, dem er wieder auf die Füße half, dem blinden Bettler, der auf Hilfe und mildtätige Gaben angewiesen war, und viele Beispiele mehr.

Die Geburt Jesu begründet unsere Würde

Für Jesus war klar, dass wir Menschen nichts vorweisen müssen, damit wir vor Gott etwas gelten, sondern weil wir von ihm geliebt sind, haben wir eine Würde, einen Wert, ganz unabhängig von unserer Leistung, unserem Status. Unsere Würde stammt von Gott, die hat uns kein Mensch gegeben und kann uns auch keiner absprechen oder wegnehmen. Seit Jesus unser Bruder geworden ist, sind wir als seine Brüder und Schwestern auch Söhne und Töchter Gottes.

☆ ☆ ☆ IMPULS ☆ ☆ ☆

ES IST GUT, SICH SELBST DAS AUCH LAUT ZU
SAGEN: WUNDERBAR, ICH BIN JEMAND!

WIE DIE HIRTEN

stille nacht

im wachschlaf der hirten
ein flügelschlag
war's ein nachtvogel
ein dämon ein traum
die zeit stand still
die herde hielt den atem an

die hirten schüttelten tau
von ihren mänteln
erinnerten sich alter lieder
von löwen und schafen
von spielenden kindern
am schlupfloch der natter

sie pflückten sterne
vom himmel und machten
den stall zum bethaus

Wilhelm Bruners

Einiges war bei diesen Männern damals noch anders. Hirten hatten Zeit. Sie saßen stundenlang bei ihren Herden oder blickten stehend, auf ihre Stöcke gestützt, über das ganze Land und machten sich ihre Gedanken. Das Rennen überließen sie den Hunden. Sie hatten viel Zeit zum Schauen, zum Hören, zum Nachdenken. Dass es Engel, höhere Wesen, Boten Gottes gibt, war für sie keine Frage. Sie wussten das inwendig. Man muss nicht alles verstehen. Sie sahen tiefer als viele scheinbar Gescheite, waren hellhöriger für geheimnisvolle Zeichen des Himmels. Gott war wohl nicht so wie die Frommen und Gelehrten im Tempel erzählten.

Und als im Stall in ihrer Nähe ein Kind zur Welt kam, mitten in der Nacht, war das für sie eine Botschaft von oben. Das Baby weckte ihre Träume: Es wird alles anders werden, das kleine Kind „Hoffnung", das Kind „Liebe und Vertrauen" wurde in ihnen geboren.

Und die Überzeugung, dass Gott uns rettet und der Friede unter den Menschen geboren wird, schlug in ihnen Wurzeln. Ihr Herz begann zu singen. Das war Beweis genug, dass das alles stimmt.

Erst mit der Zeit verstanden sie, dass „Gott der große Verrückte ist, der immer noch an die Menschen glaubt". (Kurt Marti)

✩ ✩ ✩ IMPULS ✩ ✩ ✩
ICH KÖNNTE WIE DIE HIRTEN EINFACH
IN STILLE AUF DIE STIMMEN VON INNEN
ODER VON OBEN LAUSCHEN.

☆ ☆ ☆ ☆ **29. Dezember**

HEILIGE FAMILIE

Weihnachten ist für die meisten ein Familienfest. Da möchte man als Familie beieinander sein. Wir feiern zudem am ersten Sonntag nach Weihnachten das Fest der Heiligen Familie. Natürlich im Blick auf Jesus, Maria und Josef.

Aber wird da nicht zu viel romantisiert? Es gibt keine Familie ohne Probleme.

Obwohl die Scheidungsrate sehr hoch ist, heiraten doch immer noch junge Menschen. Nach wie vor. Warum? Weil sie wissen, dass es das größte Glück ist, in einer guten Partnerschaft zu leben, sich in Liebe gehalten und getragen zu wissen von einem tiefen gegenseitigen Vertrauen und immer wieder zu hören, was Rose Ausländer sagt: „Mein schönstes Wort heißt Du!" Sie möchten miteinander alt werden. Aber: „Ehe ist nicht, Ehe wird!" Schritt für Schritt. Und nicht wenige feiern eine kirchliche Hochzeit, um Gott füreinander zu danken und seinen Segen zu erbitten, damit gelingt, was sie sich versprechen.

In gewisser Hinsicht ist jede Familie heilig, wenn es gelingt, dass Eltern und Kinder einander von Herzen gut sind, sich gegenseitig schätzen und helfen und sich auch verzeihen, weil niemand von uns für einen anderen Menschen der „Herrgott" sein kann. Wir bleiben bei allem Bemühen einander sehr oft Liebe schuldig.

In der Familie geschieht laufend „Menschwerdung" im täglichen Miteinander. Jesus wuchs wie wir in einer Familie auf, erfuhr dort, was lieben und vergeben heißt. Es ist sicher auch bei ihnen nicht alles reibungslos verlaufen. Denken wir nur daran, wie die Eltern im Tempel in Jerusalem den jungen Ausreißer gesucht haben. Bei seinen Eltern lernte schon der kleine Jesus zu beten und zu glauben. „Er nahm zu an Weisheit und Gnade", heißt es (Lk 2,40). Das war nicht so sehr ein Kopf-, sondern ein Erfahrungswissen.

Die Ehen von früher waren wohl nicht besser oder glücklicher als heute. Man brauchte einander zum Leben-Können. Man hatte auch keine andere Möglichkeit. Das Ausbrechen war nicht so einfach.

Wir alle sind in einer Familie groß geworden.

☆ ☆ ☆ IMPULS ☆ ☆ ☆

WAS HABE ICH – BEI ALLEN GRENZEN – MEINER HERKUNFTSFAMILIE ALLES ZU VERDANKEN? WAS HABE ICH IN DER KINDHEIT UND JUGENDZEIT DORT ERFAHREN, GELERNT UND GESCHENKT BEKOMMEN FÜR MEIN GANZES LEBEN?

☆　☆　☆　☆　**30. Dezember**

DEM JAHRESENDE ENTGEGEN

Wenn Läufer im Sportstadion die letzte Runde beginnen, wird diese mit einer Glocke eingeläutet. Ähnlich nehmen wir in diesen Tagen das Ende des Jahres in den Blick. Wir bereiten Silvesterfeiern und Abschlussgottesdienste vor, müssen aber hoffentlich keinen Endspurt starten.

Rückschau

Wie wäre es, mit einem Dankgebet in die letzte Runde zu laufen?

„Gott des Lebens und meiner Zeit, ich danke dir für das vergangene Jahr, für alles, was mir geschenkt worden ist, auch für das Mühsame, das mich gefordert hat und an dem ich gewachsen bin.

Ich danke für Menschen, die mich auf meinem Weg begleitet haben, die mit mir gelacht, gegessen, gespielt, gearbeitet haben, die mich getragen und ertragen haben und mit mir das Leben geteilt haben.

Ich danke für viele bereichernde Erlebnisse, für die Kraft zum Durchhalten, für die Zeiten der Ruhe und Erholung, für den Klang der Musik und für gute Worte, für die faszinierenden Wunder der Natur und die unterschiedlichen Farben der Jahreszeiten.

Ich danke für alles, was ich tun konnte und für die Erfahrung, dass du mit mir auf dem Weg warst und bist, auch wenn ich das nicht immer so gespürt habe.

Ich danke für alles persönliche Reifen und Wachsen und vielleicht auch für die Gabe der Tränen.

Und ganz speziell danke ich dir für ...“

Das Kommende annehmen

Rainer Maria Rilke schrieb am 1. Januar 1907 an seine Frau Clara einen Brief, in dem folgender sinntiefer Gedanke steht:

Und nun wollen wir glauben an ein langes Jahr,
das uns gegeben ist, neu,
unberührt, voll nie gewesener Dinge,
voll nie getaner Arbeit, voll Aufgabe, Anspruch,
Zumutung,
und wollen sehen, dass wir's
nehmen lernen,
ohne allzu viel fallen zu lassen
von dem, was es zu vergeben hat.

Nehmen lernen, wie's kommt. Das finde ich einen wunderbaren Impuls. Wir können nur die Hände und das Herz aufmachen, wie eine Schale sein, offen zum Nehmen, offen zum Geben. Und damit nicht viel verloren geht von dem, was uns möglich und zugedacht ist, wäre es gut, bei allem Machen, das oft von uns gefordert ist, dennoch das Lassen zu üben, gelassen zu sein.

Kann man das lernen? Es gibt kein Rezept, aber man kann es einüben.

Die Phantasie macht oft mehr krank als die Realität. Also ist es gut, nicht dauernd zu denken, was alles passieren könnte, sondern einfach Tag für Tag das Nötige zu tun, nur für heute, und morgen sehen wir weiter.

Wenn mein Terminkalender übervoll ist und mir angst wird, wie ich alles schaffe, denke ich oft an den Bibelsatz nach jedem Tag im Schöpfungsbericht: „Und wurde Abend, und es wurde Morgen: erster Tag" (Gen 1,5) und so fort.

Irgendwie wird es immer Abend, geht der Tag vorbei, ob ich mich verrückt machen lasse oder ruhig bleibe.

Und Gott dürften wir ruhig auch viel mehr überlassen.

✩ ✩ ✩ IMPULS ✩ ✩ ✩
WAS MÖCHTE ICH VOR
ALLEM LASSEN KÖNNEN?

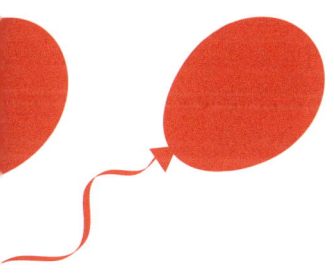

☆ ☆ ☆ ☆ **31. Dezember**

MICHELANGELOS DAVID

Vielleicht ist es eine Legende: „Die Signoria, die Stadtverwaltung in Florenz, hatte einen großen Marmorblock bestellt und einen Bildhauer beauftragt, daraus eine Figur zu meißeln. Entweder war der Steinmetz kein sehr guter oder der Marmor war schlecht gebrochen – der Mann konnte nicht viel damit anfangen.

So lag der Block herum. Auch andere Steinmetze sahen ihn, betrachteten ihn und gingen wieder weg. Eines Tages kam Michelangelo, der berühmte Maler und Bildhauer, in seine Vaterstadt. Ob ihm der Stein auffiel oder ob man ihn darauf aufmerksam machte, jedenfalls begann er, sich mit ihm zu beschäftigen. Er schaute ihn an, maß ihn ab und überlegte. Immer deutlicher stand vor ihm die Figur vor Augen, die sich die Florentiner wünschten. Er stellte sich den David vor, die

Schleuder auf der Schulter, den Kieselstein in der Hand, wie er locker und zugleich angespannt zum Kampf gegen Goliath ausschreitet.

Die anderen sahen nur den Steinblock, der unbrauchbar und unnötig im Wege lag. Aber Michelangelo erblickte in dem verpfuschten Marmor bereits den David. Er nahm Meißel und Hammer und begann zu arbeiten. Die Neunmalklugen lachten zuerst. Was sollte schon aus diesem Stein werden? Aber während sie redeten und diskutierten, wuchs unter den Händen Michelangelos eine der großen Plastiken der Welt, 5,17 Meter hoch, fast sechs Tonnen schwer.

Seine Hände folgten einer Vision, und aus dem Stein wuchs die wunderbare Gestalt heraus, die noch heute fasziniert." (Quelle unbekannt)

So ähnlich liegt das neue Jahr vor uns, ein roher Block, unbearbeitet. Was nun daraus wird, hängt weitgehend von uns selbst ab. Ein Schnitzer oder Bildhauer braucht eine innere Vorstellung von dem, was er gestalten möchte.

Im Blick nach vorne

Ich denke, dass Gott von uns allen und für uns auch eine Vision hat, wie wir sein könnten und was wir aus unserem Leben machen sollten. Dazu hat er uns ein Modell gegeben, einen Prototypen, wie wir heute sagen, ein Vorbild, nämlich diesen Jesus, dessen Geburt wir gerade gefeiert haben. An ihm können wir ablesen, wie gutes Leben im Sinne von Gott ausschaut. Jesus beschreibt das selbst in der Bergpredigt: Selig, die arm sind vor Gott, auf ihn angewiesen, die traurig und berührbar sind angesichts allen Leids, die gerecht, barmherzig, ehrlich, friedfertig leben oder, einfach gesagt, die in der Liebe daheim sind.

Auch wir selbst haben wohl Vorstellungen, wie das nächste Jahr für uns persönlich ausschauen soll. Der Marmorstein von 365 (366) Tagen liegt vor uns. Was machen wir daraus?

Vielleicht wissen wir es noch nicht genau. Viele fassen irgendwelche Vorsätze, die aber meistens nicht so lange halten, maximal bis Lichtmess. In der Fastenzeit nehmen wir dann wieder einen neuen Anlauf. Der Satz, der auf Friedrich Hebbel zurückgeht, muss ja nicht stimmen: „Traurig grüßt der, der ich bin, den, der ich sein könnte." (Oder: „... die, die ich bin ...")

Welches sind meine inneren Bilder? Körperlich kann ich nicht allzu viel ändern, höchstens ein bisschen nachhelfen. Und beziehungsmäßig? Was möchte ich für mich persönlich anstreben?

✩ ✩ ✩ IMPULS ✩ ✩ ✩

ICH WERDE ZWAR KEIN DAVID
DES MICHELANGELO SEIN,
ABER WIE MÖCHTE ICH
IN EINEM JAHR DASTEHEN?

 **1. Januar**

LEBEN IN FÜLLE

Volksschulkinder baten mich oft, ihnen etwas in ihr Poesiealbum zu schreiben. Meistens nahm ich den Spruch von Don Bosco: „Fröhlich sein, Gutes tun und die Spatzen pfeifen lassen". Oder den Satz von Kurt Tucholsky: „Es gibt nichts Gutes, außer – man tut es!"

Ähnlich können wir auch Gott das „Album" des neuen Jahres hinhalten.

Die erste Seite gehört ihm:

Ich bat den Tage schenkenden Gott:
Schreib mir ein Wort
ins leere Buch des neuen Jahres.
Sein Eintrag ermutigt:
Du bist geliebt,
Tochter und Sohn!
Ich habe an dir meine Freude

ohne ein Wenn und Aber.
Mit mir überspringst du
die Mauern der Angst.
Die Tränen – auch die ungeweinten –
wisch ich dir heute schon ab
von den Augen.
Ich gebe dir ein Licht
für den nächsten Schritt,
und das mag genügen.
Die kleinen und großen Tode
sterbe ich mit.
Dann wächst auch daraus
Leben in Fülle.

✩ ✩ ✩ IMPULS ✩ ✩ ✩

WELCHEN SATZ WÜRDE
ICH UNTERSTREICHEN?
ODER MIR INS HERZ
SCHREIBEN?

☆ ☆ ☆ ☆ 2. Januar

WAS SOLLEN WIR UNS WÜNSCHEN?

Als Kinder wurden wir angehalten, allen Nachbarn und Verwandten, ja allen Leuten, die wir trafen, „Ein gutes, neues Jahr, dass du gesund bleibst, lange lebst und in den Himmel kommst!" zu wünschen.

Diese Pflichtübung wurde erträglich, weil wir dann manchmal etwas Essbares oder ein Geldstück bekamen.

Ein gutes neues Jahr

sagen wir uns gegenseitig. Das gehört sich so. Ob dieses Jahr wirklich neu wird, hängt allerdings nicht vom Kalender, sondern von uns persönlich ab. An uns liegt es, ob wir etwas neu machen, neu denken, neu sehen und hören, neu und damit anders sagen.

Vielleicht müssten wir den Kollegen mit neuen Augen anschauen oder die eigene Frau, den eigenen Mann, dann wären diese in gewisser Hinsicht doch anders. Oder wie wäre es, wenn wir anfingen, mit dem Herzen hinzuhören, was hinter den Worten, auch den ungesagten, steckt. Notfalls müssten wir nachfragen: „Was meinst du damit?"

Es ist klar, dass wir zuerst selbst neu werden müssen, damit sich im kommenden Jahr wirklich manches ändert. Oder meinen wir gar, es solle alles beim Alten bleiben?

Einen guten Rutsch,

hören wir von allen Seiten. Ein seltsamer Wunsch! Sollten wir auf Eis und Schnee ins neue Jahr hinüberrutschen, oder wird hier auf den Alkoholkonsum angespielt? Dieser Neujahrswunsch leitet sich vom hebräisch-jiddischen „Tov rosch" ab: „Tov" heißt gut und „Rosch" heißt Kopf oder Anfang. Mit „Rutsch" ist also ein (guter) Beginn gemeint. Und der noch seltsamere Wunsch vom „Hals- und Beinbruch" leitet sich von „hasliach ubaruch" ab, was auf Deutsch „es möge gelingen und gesegnet sein" bedeutet. Richtig verstanden, wünschen wir uns mit diesem Neujahrsgruß durchaus Wertvolles und Bejahenswertes.

Ein weises Herz

wünscht sich der Psalmist, wenn er betet: „Herr, lehre uns, unsere Tage zu zählen. Dann gewinnen wir ein weises Herz." (vgl. Ps 90,12). Wir haben nicht einen unerschöpflichen Vorrat an Lebenstagen. Unsere Zeit ist begrenzt. Ums Sterben kommen wir nicht herum. Deshalb ist es gut, die uns geschenkten Lebenstage achtsam und dankbar zu leben:

Das neue Jahr umfasst fast neuntausend Stunden, über fünfhunderttausend Minuten und mehr als dreißigmillionen Sekunden. Und je älter wir werden, umso mehr fliegen die Tage dahin.

Wäre es nicht eine gute Gewohnheit, jeden Tag ganz bewusst mit einem Dank oder einer Bitte an Gott zu beginnen und ähnlich auch zu beenden? Dadurch lernen wir, aufmerksam zu leben, und so wächst die Weisheit des Herzens.

Eine kleine Sinngeschichte aus China beinhaltet ebenfalls einen guten Wunsch:

„Ich sagte zu dem Engel, der an der Pforte des neuen Jahres stand: Gib mir ein Licht, damit ich sicheren Fußes der Ungewissheit entgegengehen kann.

Er aber antwortete: Geh nur hinein in die Dunkelheit und leg deine Hand in die Hand Gottes! Das ist besser als ein Licht und sicherer als ein bekannter Weg."

✩ ✩ ✩ IMPULS ✩ ✩ ✩
ICH KÖNNTE JEMANDEN ANRUFEN
UND IHM / IHR ETWAS
BESONDERES WÜNSCHEN.

111

 **3. Januar**

EINE ZÜNFTIGE SACHE

Bei uns gibt es viele Zünfte, den Zusammenschluss von Handwerkern zur Förderung ihrer Interessen und der Gemeinschaft. Jedes Jahr darf ich zwischen Weihnachten und Dreikönig mit ihnen einen Gottesdienst feiern. Einmal mixte ich bei der Predigt einen Neujahrsdrink mit den folgenden Erklärungen. (Die Idee dazu kam von Bischof Reinhold Stecher.)

Ein biblisches Wort lautet: Du füllst mir reichlich den Becher (vgl. Ps 23,5b).

Also fülle ich zuerst sprudelnden Sekt in den Krug mit dem Wunsch, dass euer Leben nicht langweilig und geschmacklos ist, sondern dass es auch sprudelnde Freude, Bereicherung, prickelnde, begeisternde, lebensbereichernde Stunden gibt. Auch öfters einen Anlass, etwas zu feiern.

Nun gebe ich einige exotische Fruchtwürfel hinein: Mango, Ananas, Maracuja. Es soll bei uns keine berufliche Inzucht geben, sondern wir können auch von Menschen anderer Kulturen und Länder so manch Neues lernen, und die Asylsuchenden sollten sich auch in unsere Lebenswelten einbringen können.

Jetzt kommt Hochprozentiges dazu – Whisky: Geistvolle Innovation, Nachhaltigkeit, neue Wege, die Verbindung von Ökologie und Ökonomie und der Esprit des Heiligen Geistes, das alles ist gefragt.

Ich gebe noch einige weitere Früchte hinein: Himbeeren und Erdbeeren. Es möge Gutes aus eurer Arbeit herauswachsen. Ihr sollt immer wieder wie Gott am Abend jedes Schöpfungstages sagen können: „Und es war oder ist gut so!"

Die Eiswürfel fehlen noch. Sie bedeuten, dass wir einen klaren und kühlen Kopf und Verstand brauchen, nicht nur bei der Arbeit, sondern im Leben überhaupt. Das gilt auch für den Glauben. Schwärmerische Esoteriker und Fundamentalisten haben von Jesus und seiner Botschaft nicht viel verstanden, der uns in freies Denken und Handeln führen will.

Schlussendlich fehlen bei unserem Neujahrsgetränk ein paar Herzkirschen. Sie symbolisieren die Herzlichkeit. Was ich im Pflegebereich oft sage, gilt für alle Berufe: Menschlichkeit ohne Professionalität ist zu wenig, aber Professionalität ohne Menschlichkeit ist eine Katastrophe!

Prost!

☆ ☆ ☆ IMPULS ☆ ☆ ☆

ACH JA, ICH KÖNNTE JEMANDEM
ODER MIR SELBST HEUTE ZUPROSTEN.

 **4. Januar**

TROTZDEM GLAUBEN!

Wir besuchten in der Pfarre, in der ich Kaplan war, mit einer Sternsinger-Gruppe ein Frauenkloster. Die Schwestern waren schon andächtig auf dem Gang versammelt, während sich die Drei Könige samt Gefolge auf der Stiege aufstellten und zu singen begannen.

Plötzlich fingen alle mit einem Schlag zu lachen an. Vis-à-vis an der Wand war ein großer Spiegel angebracht, in dem sich die Kinder mit ihren Kostümen und geschminkten Gesichtern selbst erblickten, und das Gelächter ging los. Die Sammlung war dahin, zum Leidwesen der Schwestern.

Wenn wir uns selbst anschauen, haben wir allen Grund, über manches zu lächeln oder auch traurig zu sein.

Ich schlage vor, dass wir nicht so sehr in den Spiegel schauen, sondern lieber zum nächtlichen Himmel aufblicken. Dort funkeln bei klarer Sicht die Sterne, aber man sieht sie nur, wenn es dunkel ist:

- Einen Hoffnungsstern, der uns daran erinnert: „Die Mitte der Nacht ist der Anfang des Tages!"
- Einen Troststern: „Mut, nur Mut!" ruft uns Jesus zu. „Auch wenn Stürme kommen, ich bin in deinem Boot. Du gehst nicht unter!"
- Einen Liebesstern, den uns jemand aufleuchten lässt.
- Einen Geduldsstern: „Lerne warten. Es fügt sich alles zum Guten!"
- Einen Glaubensstern, wenn Zweifel uns umtreiben und Gott weit weg scheint.
- Einen Menschenstern, jemanden, der oder die uns wohl tut. „Immer sind es die Menschen – du weißt es. Ihr Herz ist ein kleiner Stern, der die Erde erleuchtet!" (Rose Ausländer)

Es ist gut, dem Stern zu folgen:

schlafen
träumen
geweckt werden
aufwachen
aufstehen
nicht genau wissen ...
sich an den Traum erinnern

auf den Weg machen

Lasten abwerfen

durch Wüsten ziehen

die Richtung verlieren

andere nach dem Weg fragen

ausgelacht werden

ein Ziel haben

das Ziel nicht aus den Augen verlieren

dem Stern folgen

einen Schritt nach dem anderen machen

an Oasen rasten

noch einmal losgehen

müde werden

stolpern

wieder aufstehen

weitergehen

an der Krippe ankommen

keinen Königspalast vorfinden – wie erwartet

trotzdem glauben

Hermann Josef Coenen

Nachspiel

Als die drei Weisen wieder heimzogen, haben sie sicher miteinander geredet:

„Gut, dass wir durchgehalten und nicht aufgegeben haben. Der Weg zu diesem Kind war nicht einfach, aber es hat sich gelohnt", sagte der Erste.

„Gott sei Dank hatten wir einen Stern vor den Augen. Man braucht im Leben eine Orientierung. Die haben wir bei diesem Jesus gefunden!", ergänzte der Zweite.

„Ich habe mir den Geburtsort schon anders vorgestellt", meinte der Dritte. „Gott ist offensichtlich nicht bei den Reichen und Mächtigen zu finden, sondern bei den Geringen."

☆ ☆ ☆ IMPULS ☆ ☆ ☆

WAS IST MEINE WICHTIGE ERKENNTNIS
UND ERFAHRUNG IN DER HEURIGEN
WEIHNACHTSZEIT?

☆ ☆ ☆ ☆ **5. Januar**

VON DEN DREI WEISEN LERNEN

1. Sei neugierig, suche und frage ein Leben lang. Auch Gott muss immer neu gesucht werden. (Und manchmal ertasten wir ein kleines Stück von seinem Mantelsaum.)
2. Brich auf und wage, das zu leben, was dir richtig und wichtig scheint.
3. Versuche, auf Gottes Weisungen und Wegzeichen zu achten. Die sind allerdings oft sehr versteckt. Und der Stern leuchtet nur zeitweise.
4. Nimm Umwege in Kauf, aber behalte das Ziel vor Augen. Auch die mühsamen Wege sind Heilswege. Sogar die Sackgassen bringen neue Erkenntnisse.

5. Lass dich überraschen. Das Kind war im Stall, im Unsicht-baren, und nicht im Königspalast zu finden. Jesus versteckt sich in den Menschen.
6. Knie auch nieder, bleib ehrfürchtig und demütig. Nur die Kleinen gewinnen das Himmelreich.
7. Bring deine Gaben, deine Talente und Fähigkeiten ein. Ein jeder und eine jede kann etwas!
8. Geh auf anderen, neuen Wegen weiter. Lass dich führen, auch von den Umständen des Lebens. „Der Weg wächst im Gehen, wie durch ein Wunder!"
9. Bleibe veränderungsbereit. Leben heißt, sich wandeln, und vollkommen sein, sich oft gewandelt haben.

✩ ✩ ✩ IMPULS ✩ ✩ ✩
EIN PUNKT DAVON GENÜGT.

MARGERITEN-BLUME

Wir saßen bei einer Familienrunde – fünf Ehepaare und ich – zur Weihnachtszeit zusammen. Ich las eine Geschichte vor: Jugendliche wollten ein modernes Weihnachtsstück aufführen. Für die Heiligen Drei Könige fragten sie einfach ein paar Leute, ob sie nicht diese Rolle übernehmen und statt Gold, Weihrauch und Myrrhe ein persönliches Geschenk bringen möchten.

Der erste König war ein Beamter, der Krücken mitbrachte. Er hatte vor Monaten einen schweren Autounfall und es war lange nicht klar, ob er wieder gehen könne. Eine schwere, mühsame Zeit. Aber jetzt wollte er danken, dass es ihm wieder relativ gut ging.

Der zweite König war eine Königin, eine junge Frau. Nach langem Überlegen brachte sie etwas Unsichtbares: Ihr neues gereiftes Ja zu ihrem Leben und zu ihrer Ehe, das sie nach einigen Krisen wieder sagen möchte.

Der dritte König war ein Ausfall. Ein junger Mann hatte zwar zugesagt, aber dann blieb er zuhause, weil er voller Unruhe und Fragen war und mit seinem Leben momentan nicht zurande kam.

Im Anschluss an diese Geschichte bat ich alle, zu überlegen und zu sagen, was sie wohl mitbrächten.

Einer von uns war damals an Nierenkrebs erkrankt, hatte Chemotherapien hinter sich und war gesundheitlich sehr angeschlagen. Als er an der Reihe war, sagte er: „Ich würde eine Margeritenblume bringen, ein Blütenblättchen nach dem anderen ausreißen und dabei sagen: ‚Er liebt mich, er liebt mich nicht …'" Wir verstanden sofort. Für ihn war es eine Glaubensfrage, ob Gott ihn angesichts seines Zustandes wirklich liebt.

Ich fragte ihn: „Und welches ist das letzte Blatt?"

„Ich weiß es nicht", lautete seine Antwort.

☆ ☆ ☆ IMPULS ☆ ☆ ☆

WENN ICH EINEN DER DREI KÖNIGE SPIELEN
SOLLTE, WAS WÄRE MEIN GESCHENK?

ER LEUCHTET NOCH IMMER

Marie Luise Kaschnitz hat eine sehr sinnreiche Geschichte geschrieben, von der ich einen Auszug wiedergebe:

Der Stern leuchtet noch immer

Der kleine Junge hockte auf dem Fußboden und kramte in einer alten Schachtel. Er förderte allerhand wertlose Dinge zutage – darunter auch einen silberglänzenden Stern. „Was ist das", fragte er. „Ein Weihnachtsstern", sagte die Mutter. „Etwas von früher, von einem alten Fest."

„Was war das für ein Fest", fragte der Junge. „Ein langweiliges", sagte die Mutter. „Die ganze Familie stand in der Wohnstube um einen Tannenbaum und sang Lieder. Und an der Spitze der Tanne befestigte man den Stern. Er sollte an den Stern erinnern, dem die Drei Könige nachgingen, bis sie den kleinen Jesus in der Krippe fanden." „Der kleine Jesus", fragte der Junge, „was soll das nun wieder sein?" „Das erzähle ich dir ein andermal", sagte die Mutter, und dann öffnete sie den Deckel des Müllschluckers und gab ihrem Sohn den Stern in die Hand. „Du darfst ihn hinunterwerfen und aufpassen, wie lange du ihn noch siehst!"

Der Junge warf den Stern in die Röhre und lachte, als er verschwand. Aber als die Mutter wiederkam, stand er wie vorher über den Müllschlucker gebeugt: „Ich sehe ihn noch immer", flüsterte er. „Er glitzert. Er ist immer noch da!"

In allem Müll der Menschheitsgeschichte, im Müll der dunklen Zeiten des Christentums, im Müll unserer Umtriebigkeit und Oberflächlichkeit, im Müll des eigenen müde gewordenen Glaubens leuchtet dieser Jesusstern, manchmal außen, aber mehr noch als Lichtpunkt des Herzens in unserer Sehnsucht, als Anstoß zur Liebe, als Hoffnung im Leben und Sterben.

Kurt Marti schrieb: „Ihm – Jesus – glaube ich Gott!" Und wir tun es auch.

Diese Geschichte lese ich oft bei Weihnachtsfeiern vor. Und dann lade ich die Teilnehmer/innen ein, auf ein blaues Packpapier an der Wand, Symbol für die Nacht, Klebesterne zu heften für irgendwelche Menschen, die ihnen am Herzen liegen, und wer will, kann auch etwas dazu sagen.

LITERATUR

Das Weihnachtsevangelium ist entnommen aus der Einheitsübersetzung der Heiligen Schrift, vollständig durchgesehene und überarbeitete Ausgabe. © 2016 Katholische Bibelanstalt GmbH, Stuttgart. Alle Rechte vorbehalten.

S. 19: Antoine de Saint-Exupéry, Brief an einen General, in: ders., Worte wie Sterne, Verlag Herder, Freiburg im Breisgau, 5. Aufl. 2019, S. 133

S. 22: Hilde Domin, Gesammelte Gedichte, S. Fischer Verlag, Frankfurt a. M. 1987, S. 293

S. 29f.: Martin Buber, Die Erzählungen der Chassidim, Manesse Bibliothek, Zürich, 12. Aufl. 1992, S. 191

S. 42f.: Max Feigenwinter, Einander Engel sein. Gedanken zur Weihnachtszeit, Verlag am Eschbach, 2. Aufl. 2003, S.19. Mit freundlicher Genehmigung des Autors

S. 48f.: Marianne Williamson, Rückkehr zur Liebe. Harmonie, Lebenssinn und Glück durch „Ein Kurs mit Wundern", Goldmann-Verlag, München 1993

S. 51: Josef Dirnbeck / Martin Gutl, Ich begann zu beten. Texte für Meditation und Gottesdienst, Styria-Verlag 1973, S. 12, © Karl Mittlinger, Graz

S. 56: Martin Buber, Der Weg des Menschen nach der chassidischen Lehre, Verlag Lambert Schneider, Heidelberg, 6. Aufl. 1972, S. 49

S. 66: Kurt Marti, Gedichte am Rand, Verlag Niggli, Teufen, 2. Aufl. 1968 (für die ersten zwei Strophen), Evangelisches Gesangbuch der Schweiz, Nr. 867, 1970 (für die weiteren Strophen)

S. 72: Wilhelm Wilms, roter faden glück, lichtblicke, © 1974 Butzon & Bercker GmbH, Kevelaer, 5. Aufl. 1988, 7.23, www.bube.de

S. 79: Kurt Marti, Gedichte am Rand, Verlag Niggli, Teufen, 2. Aufl. 1968, S. 5

S. 80f.: Karl Rahner, Kleines Kirchenjahr, Verlag Ars Sacra, München 1954, S. 15–16.18–20

S. 88: Hilde Domin, Gesammelte Gedichte, S. Fischer Verlag, Frankfurt a. M. 1987, S. 294

S. 92: Eugen Drewermann, Das Markusevangelium. Zweiter Teil, Walter-Verlag, Olten und Freiburg im Breisgau, 3. Aufl. 1990, S. 293

S. 96: Mit freundlicher Genehmigung von Wilhelm Bruners

S. 102: Rainer Maria Rilke, Briefe aus den Jahren 1906–1907, Insel-Verlag, Leipzig 1930

S. 117: Rose Ausländer, Mein Atem heißt jetzt. Gedichte, Fischer Verlag, Frankfurt a. M., 2. Aufl. 1987, S. 136

S. 117f.: Hermann Josef Coenen, Dem Stern folgen

S. 124: Marie Luise Kaschnitz, Was war das für ein Fest?, in: dies., Gesammelte Werke, Bd. 1, Insel Verlag, Frankfurt a. M. 1973 (in Auszügen und leicht geändert)

Wir danken den Autorinnen und Autoren für die freundliche Genehmigung zum Abdruck. Leider war es nicht in allen Fällen möglich, die Rechteinhaber zu ermitteln. Wir bitten um Hinweise an den Verlag. Allfällige Ansprüche werden gerne nachträglich abgegolten.

DER AUTOR

ELMAR SIMMA, geb. 1938, Theologiestudium in Innsbruck, Kaplan, Diözesanjugendseelsorger, Pfarrer in Göfis, langjähriger Caritas-Seelsorger der Diözese Feldkirch, Unterrichtstätigkeit an verschiedenen pädagogischen Einrichtungen, engagiert sich für die Hospiz-Bewegung. Er hält zahlreiche Vorträge und ist Autor mehrerer Bücher. Zuletzt bei Tyrolia erschienen: „Dem Leben zulächeln. Von der Kunst den Tag zu loben" (4. Auflage 2018), „In den Nebel hinein. Worte der Hoffnung" (2018)